Omas beste Haushaltstipps

Sonderausgabe

Redaktion: Dr. Verena Stindl
Produktion: Ute Hausleiter
Titelabbildungen: StockFood (auch hinten), mauritius images (Oma)
Umschlaggestaltung: X-Design, München
Layout unter Verwendung grafischer Elemente von IMSI USA, Novato, CA

ISBN 978-3-8174-8441-6
381748441/6

www.compactverlag.de

Inhalt

Vorwort

Man muss sich nur zu helfen wissen! Wir zeigen Ihnen, wie: Für die vielen kleinen und großen Probleme, die in den verschiedenen Bereichen des Haushalts jeden Tag auftauchen, haben wir in diesem Buch rund 1000 neue und bewährte Haushaltstipps zusammengetragen.

Die Auswahl umfasst:
- Tricks, die man anwenden kann, wenn etwas misslungen ist;
- Ideen, wie man vieles leichter und besser machen kann;
- jede Menge aktueller Umwelttipps (heute wichtiger denn je)
- und viele weitere verblüffende nützliche Hinweise für den täglichen Gebrauch.

Die einzelnen Ratschläge sind nach Stichwörtern alphabetisch geordnet und daher mühelos auffindbar.

Allgemeine Hinweise und grundsätzliche Informationen sind durch einen Rahmen besonders hervorgehoben.

Wir hoffen, dass dieses Buch mit seinem handlichen Format dazu beitragen wird, die Arbeit im Haushalt zu erleichtern und Pannen zu vermeiden. Alle Tipps wurden mit großer Sorgfalt zusammengestellt.

In der Küche

Ahornsirup

Ahornsirup ist der eingedickte Saft des Zuckerahornbaumes und wird in der gesunden Küche oft als Zuckerersatz verwendet. Er ist wegen seines hohen Mineralstoffgehalts sehr wertvoll!

Agar-Agar

Agar-Agar ist ein pflanzliches Geliermittel, das sich sehr gut als vegetarischer Gelatineersatz in vielen Koch- und Backgerichten eignet.

Aluminiumtöpfe

ALUMINIUMTÖPFE REINIGEN

Töpfe aus Aluminium werden wieder blitzblank, wenn Sie einfach Rhabarber in ihnen kochen.

VERFÄRBUNG

Aluminiumtöpfe verfärben einige Lebensmittel, z. B. Milch, Sahne, Creme.

Anissamen

Anissamen enthält ätherische Öle, die auf die Verdauungsorgane sehr beruhigend wirken. Aus dem Samen bereitet man einen Tee, den man, je nach Bedarf, lauwarm trinkt.

Apfel

APFEL SCHÄLEN

Beim Apfelschälen geht viel kostbares Fruchtfleisch verloren. Tauchen Sie den Apfel vor dem Schälen kurz in kochendes Wasser und die Schale löst sich fast wie von selbst.

APFELSCHALEN

Aus den Schalen eines ungespritzten geschälten Apfels bereitet man einen aromatischen Tee.

Apfelmus

APFELMUS ABSCHMECKEN

Apfelmus schmeckt intensiver, wenn Sie kurz vor dem Servieren ein paar Spritzer Orangen- oder Zitronensaft hinzugeben.

APFELMUS, ANGEBRANNTES

Apfelmus brennt beim Kochen leicht an. Nicht, wenn Sie die Äpfel mit kaltem Wasser ansetzen und beim Kochen nicht umrühren.

Apfelsinen

Apfelsinen lassen sich schnell und leicht schälen, wenn man sie 5–10 Minuten vorher in den warmen Backofen legt.

Aufschnitt

Aufschnitt bleibt länger frisch, wenn man zwischen jede Scheibe ein Stück Pergamentpapier gelegt hat.

Ausstechförmchen

Ausstechförmchen kleben nicht am Teig fest, wenn man sie vorher in warmes Wasser taucht.

Babyflaschen

Babyflaschen bleiben länger warm, wenn Sie sie in Alufolie einwickeln.

Backbleche

Backbleche bleiben sauber und nichts klebt fest, wenn man die Bleche zum Backen mit Backpapier belegt und Kastenformen damit auslegt.

Backformen

Backformen säubert man, indem man sie mit Salz und Küchenkrepp abreibt. Möglichst kein Wasser benutzen.

Backöfen

Backofen sauber halten

Der Backofen bleibt unten sauber, wenn man eine Alufolie auf den Boden der Backröhre legt. Dies ist eine Hilfe besonders bei klebrigen Speisen, wie z. B. Pflaumenmus.

Backofen auswaschen

Backöfen sollten nach jeder Benutzung noch in lauwarmen Zustand (mit heißer Lauge) ausgewaschen werden. Verkrustungen von Obst- und Bratensaft sollten einige Stunden aufweichen.

Backofengerüche

Gerüche verfliegen, wenn man Zitronen- oder Orangenschalen in die leere Backröhre legt und diese kurz erhitzt.

Backpulver

Backpulver kann man selbst mischen: 80 g Natron, 190 g Weinstein und 40 g feinstes Mehl vermischen und diese Mischung in einem Glas mit einem gut schließenden Deckel aufbewahren.

Bananen

Bananen sollte man nicht im Kühlschrank lagern, da sie dort sehr schnell braun werden. Möglichst hängend aufbewahren. Wenn die Bananen noch grün sind, kann man sie in einer Papiertüte aufbewahren und dort zusammen mit einer reifen Frucht schneller reifen lassen.

Bärlauch

Bärlauch hilft, als Tee zubereitet, bei Akne und Hautentzündungen.

Basilikum

Das bekannte Küchenkraut wirkt appetitanregend und hilft bei Blähungen. Nur frische Kräuter verwenden!

Blätterteig

Blätterteig geht beim Backen besonders schön auf, wenn Sie das Backblech nicht einfetten, sondern einfach nur mit kaltem Wasser kurz abspülen.

Blumen, essbare

Veilchen und Gänseblümchen sind essbar und eignen sich gut zur Dekoration von sommerlichen Süßspeisen. Auch die Blüten und Blätter der Kapuzinerkresse haben ein feines Aroma und eignen sich zum Würzen und Garnieren von Salaten.

Blumenkohl

BLUMENKOHL WASCHEN

Blumenkohl in leichtem Essig- oder Salzwasser waschen, weil dadurch Insekten herausgezogen werden.

BLUMENKOHL KOCHEN
Blumenkohl schmeckt sehr gut, wenn man zum Kochen nicht Leitungs-, sondern Mineralwasser verwendet.

BLUMENKOHL FRISCH HALTEN
Blumenkohl können Sie einige Tage frisch halten, indem Sie ihn mit dem Strunkende in ein Glas Wasser stellen, das Sie täglich erneuern. Die grünen Blätter um den Kohl herum nicht entfernen.

BLUMENKOHLGERUCH
Blumenkohl riecht nicht unangenehm, wenn man dem Kochwasser ein Lorbeerblatt zugibt oder ein Stück Zwiebel in das Kochwasser reibt.

Bratäpfel

Bratäpfel platzen appetitlich gleichmäßig auf, wenn Sie die Apfelschale oben ringsherum einritzen.

Braten

Schmor- und andere Rinderbraten werden viel besser, wenn man beim Schmoren und Braten einen Kanten Schwarzbrot dazugibt.

Bratensoßen

Bratensoßen werden durch Hinzugabe einer ungespritzten, unbehandelten Apfelschale schmackhafter. Am besten eignen sich sie Schalen von Boskop-Äpfeln, da diese einen säuerlichen Geschmack haben.

Bratfischgeruch

Bratfischgeruch muss nicht so penetrant sein. Mischen Sie einfach etwas Parmesankäse unter das Paniermehl.

Bratkartoffeln

Bratkartoffeln sollten immer in heißem Fett angebraten werden. In kaltem Fett saugen sie sich voll, werden schwer verdaulich und kalorienreicher.

Bratwürste

Bratwürste platzen nicht, wenn man sie vor dem Braten in kalte Milch legt. Die Milch muss dann aber gut abtropfen, da sonst das Fett in der Pfanne spritzt.

Brot

BROT FRISCH HALTEN

Brot bleib länger frisch, wenn Sie es in eine Plastiktüte geben und im Kühlschrank aufbewahren.

BROT SCHNEIDEN

Brot lässt sich besser schneiden, wenn Sie das Messer vor jedem Schnitt in heißes Wasser tauchen. (Das Messer wird dadurch aber schnell stumpf!)

Brötchen

Brötchen vom Vortag nicht wegwerfen. Mit kaltem Wasser angefeuchtet, im Ofen kurz aufgebacken, schmecken sie wieder frisch.

Brotgefäße

Brotgefäße sollten 1-mal wöchentlich mit Essigwasser ausgewischt werden.

Brucheier

Ein geplatztes Ei kann man kochen, ohne dass es ausläuft, wenn man es in Alufolie einwickelt.

Butter

BUTTER, HARTE

Butter, die hart aus dem Kühlschrank auf den Tisch kommt, wird streichfähig, wenn Sie Ihr Messer kurz in heißes Wasser tauchen oder die Packung vor dem Öffnen kurz in eine Schale mit warmem Wasser legen.

BUTTER, LEICHT RANZIGE

Leicht ranzige Butter verliert den unangenehmen Geschmack, wenn sie in frischem Wasser durchgeknetet wird oder wenn man eine geschälte Karotte in sie hineinsteckt und mehrere Stunden ziehen lässt.

BUTTERVERPACKUNG

Wenn Sie eine neue Packung Butter anbrechen, halten Sie diese zuerst unter laufendes kaltes Wasser. Sie vermeiden hierdurch, dass die Butter am Papier anklebt.

BUTTER VERRÜHREN

Gibt man beim Rühren etwas Mehl über die Butter, verhindert man das lästige Spritzen.

Buttercreme

Buttercreme, die geronnen ist, stellt man ins Wasserbad. Dadurch wird die Butter wieder geschmeidig, und die Creme kann glatt gerührt werden.

Butterschmalz

Butterschmalz gibt den Speisen beim Backen und Kochen denselben buttrigen Geschmack wie Butter.

Cellophan®-Papier

Cellophan® lässt sich leicht auf Gelee- oder Marmeladengläsern befestigen und auch ablösen, wenn man es vorher an der Außenseite mit kaltem Wasser befeuchtet hat.

Champignons

VERFÄRBUNG

Champignons verfärben nicht, wenn Sie die gesäuberten Pilze mit Zitronensaft und Wasser (halb und halb) beträufeln.

CHAMPIGNONS KOCHEN

Da Pilze einen sehr hohen Wasseranteil haben, sollte man kleine Champignons im Ganzen mitkochen lassen.

Chicorée

CHICORÉE, HOLZIGER

Ist die Staude holzig, legt man sie kurz in etwas Milch.

CHICORÉE, BITTERER

Damit dieser Salat nicht bitter schmeckt, schneidet man aus der Chicoréestaude an dem unteren Ende einen kleinen Kegel heraus.

Chili

Paprikaartige Frucht, die nicht nur das Essen würzig scharf macht, sondern auch Reizstoffe enthält, die die Kreislauftätigkeit fördern!

Chinakohl

Chinakohl erhält einen knackigen Biss, wenn man ihn kurz vor der Zubereitung für eine Viertelstunde in das Eisfach des Kühlschrankes legt.

Cilantro

Cilantro, frischer Koriander, kann im Garten einfach angebaut werden, enthält wertvolle Inhaltsstoffe und ersetzt frische Petersilie.

Dampfnudeln

Wenn die Dampfnudeln fertig gekocht sind, sticht man mit einer Gabel hinein und hebt die Nudeln aus dem Topf auf einen Teller. Dann sticht man eine zweite Gabel hinein und zieht die Dampfnudel oben etwas auseinander. So kann der glühend heiße Dampf schnell entweichen.

Darren

Darren ist eine Methode, feuchtes Getreide bei schonenden Temperaturen (70 °C) zu trocknen. Das Getreide wird dadurch bekömmlicher. Vollwertbrot lässt sich daraus gut herstellen!

Dattelkerne

Dattelkerne können Sie einfach entfernen, indem Sie die Datteln mit einer im Wasser befeuchteten Schere aufschneiden.

Dezembersalate und -gemüse

Dies sind Endiviensalat, alle Kohlarten, Kastanien, Möhren, Rüben, Sauerkraut, Steckrüben.

Diät- und Diabetiker-Lebensmittelpläne

Lebensmittelpläne, die ständig gebraucht werden, sollte man auf die Innenseite einer Küchenschranktüre kleben.

Dill

Dill ist ein beliebtes Küchengewürz für Salate, Quarkspeisen oder Soßen. Dill bleibt länger frisch, wenn Sie ihn mit Wasser besprengen und in einem Schraubglas im Kühlschrank aufbewahren.

Dörräpfel

Man entfernt das Kerngehäuse und schneidet das Fruchtfleisch in dünne Scheiben auf. Diese trocknet man dann im Backrohr bei mäßiger Hitze. Anschließend werden die Scheiben zur Aufbewahrung an Schnüre aufgefädelt und an eine dunkle Stelle gehängt.

Eier

EIER AUFSCHLAGEN

Eier sollte man immer einzeln in eine Tasse oder in ein Schüsselchen aufschlagen und dann erst den Speisen zugeben. Ein Ei könnte schlecht sein und dann das ganze Gericht oder die Backzutaten verderben.

EIER, FRISCHE

Frische Eier können Sie im Kühlschrank einfach auseinanderhalten, indem Sie abwechselnd pro Woche 1-mal braune und 1-mal weiße Eier kaufen.

EIER, GEWICHTSKLASSENEINTEILUNG

Gewichtsklassen: XL = 73 g und mehr, L = 63 bis weniger als 73 g, M = 53 bis weniger als 63 g, S = weniger als 53 g.

EIER, PLATZENDE

Eier platzen nicht, wenn sie vorsichtig in kochendes Salzwasser gelegt werden. Vorher sollte man die Eier auf der stumpfen Seite vorsichtig mit dem Eierpicker anstechen.

EIERTEST

Wenn man feststellen will, ob ein Ei noch frisch ist, legt man es in Salzwasser. Ältere Eier schwimmen oben, frische Eier sinken. Wenn man nicht mehr weiß, ob ein Ei schon gekocht oder noch roh ist, dreht man es auf einer glatten Fläche im Kreis: Dreht sich das Ei schnell und gleichmäßig, so ist es gekocht (rohe Eier „eiern").

Eier, warme

Damit das Frühstücksei bis zum Verzehr warm bleibt, wickelt man es einfach in ein Geschirrtuch ein und legt das Ganze auf die Heizung.

Eierlöffel

Eierlöffel sollten immer aus Plastik oder rostfreiem Stahl sein. Nie Silberlöffel verwenden, da diese zum einen den Eiergeschmack verändern und zum anderen Flecken bekommen oder anlaufen!

Eierschachteln, gebrauchte

Leere Eierschachteln werden nicht weggeworfen, sondern für den nächsten Eierkauf verwendet. Ein kleiner, sinnvoller Beitrag zur Müllersparnis.

Eierwasser

Eierwasser nicht weggießen. Dieses Wasser ist Labsal für Ihre Topfpflanzen durch die vielen Mineralien, die es durch das Eierkochen bekommt.

Eigelb

Gibt man das Eigelb in eine kleine Tasse und gießt sorgfältig so viel Wasser darauf, bis das Eigelb bedeckt ist, kann man es mehrere Tage im Kühlschrank aufbewahren.

Eigelb

Eigelb eignet sich gut zum Bestreichen von Kuchen und Süßspeisen. Wenn Sie dem Eigelb eine Prise Salz oder Zucker beigeben, wird die Farbe intensiver.

Eingemachtes

Eingemachtes sollte immer mit dem Herstellungsdatum versehen werden, damit nichts im Regal veraltet.

Einmachgläser

Einmachgläser, bei denen der Deckel zu fest sitzt, hält man kurz kopfüber über Wasserdampf. Das Gummi lässt sich dann leicht aufziehen.

Einwegverpackungen

Einwegverpackungen sollten Sie vermeiden. Sie vergrößern nur unnötig den Müllberg. Kaufen Sie Getränke in Gläsern, Milch in Flaschen oder, wenn möglich, wieder in der Kanne.

Eisablagerungen

Eisablagerungen in Kühlschränken lassen sich besser entfernen, wenn man die Wände mit einer Lösung aus warmem Wasser und wenigen Tropfen Glyzerin eingerieben hat.

Eischnee

Eischnee wird besser steif und gerinnt nicht, wenn man eine Prise Salz hinzufügt. Die Schüssel, in der der Eischnee geschlagen wird, darf nicht fettig sein.

Eiswürfel färben

Eiswürfel kann man mit Fruchtsäften oder Grenadinesirup färben. Auch kleine Früchte oder Kräuter, z. B. Minze, Kirschen oder Himbeeren, kann man darin als Überraschung einfrieren.

Elektrokochgeschirr

Elektrokochgeschirr sollte einen ebenen Boden haben. Stahltöpfe mit verstärktem, geschliffenem Boden nützen durch den guten Kontakt zur Kochplatte die Herdwärme besser aus und wirken dadurch energie- und zeitsparend.

Emaillierte Pfannen und Töpfe

Pfannen und Töpfe aus Email sollte man nicht kalt abschrecken, sondern langsam abkühlen lassen. Email springt wie Glas.

Erbsen

Erbsen behalten ihre Farbe und schmecken besser, wenn man dem Kochwasser etwas Zucker zugibt.

Erdbeeren

Erdbeeren, die eingefroren werden, sollen klein und vollreif sein. Man lässt die Erdbeeren erst auf einem Tablett vorfrosten, bevor man sie vorsichtig in Beutel verpackt. Sie werden dann nicht aneinanderkleben.

Essig

ESSIG, AROMATISCHER

Essig erhält ein frisches Aroma, wenn er mit grünen Kräutern, Kresse oder Estragonzweigen angesetzt wird. Er wird fruchtig mit Himbeeren, Veilchenblüten oder Orangen- und Zitronenschalen. Besonders würzig wird er durch einen Zusatz von Ingwerwurzeln, Muskatnüssen, Senfkörnern oder Pfefferschoten.

ESSIG AUFBEWAHREN

Essig sollte nie in Plastik- oder Metallgefäßen aufbewahrt werden. Am besten ist Porzellan, Glas, Steingut.

Essiggurkensaft

Besonders den Saft von selbst eingemachten Gewürzgurken sollte man nicht gleich wegschütten. Man kann ihn noch gut zum Würzen verschiedener Gerichte, z. B. Wild oder Wurstsalat, verwenden. Auch zum Einlegen von Sauerbraten ist diese Essigbrühe noch geeignet.

Estragon

Estragon hat einen sehr intensiven Geschmack, der mit dem des Waldmeisters und Anis zu vergleichen ist. Daher darf man dieses beliebte Küchengewürz nur sehr sparsam verwenden. Erst durch Mitkochen entwickelt die Kräuterpflanze ihren vollen Geschmack.

Estragonessig

Estragonessig erhält man wie folgt ganz einfach: Man gibt einen frischen, gewaschenen Stängel Estragon in den Essig, lässt das Ganze ca. 1 Woche ziehen und hat dann einen Essig mit dem typischen fein-würzigen Geschmack.

Februarsalate und -gemüse

Dies sind Chicorée, Endiviensalat, Feldsalat, Grünkohl, Lauch, Möhren, Rosenkohl, Rotkohl, Weißkohl.

Feldsalat

Feldsalat, der seine Blätter hängen lässt, wird schnell wieder frisch, wenn Sie ihn in lauwarmes Wasser legen.

Fettsäuren

Die Qualität eines Fettes richtet sich nach der Menge an ungesättigten Fettsäuren. Wertvoll sind Sonnenblumen-, Oliven-, Raps-, Distel- und Leinöle.

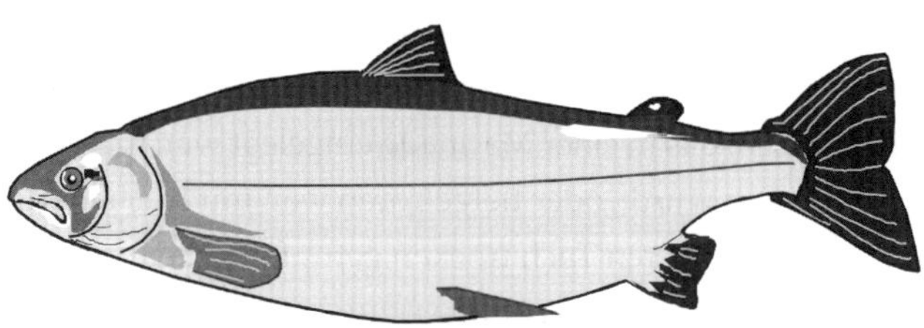

Fisch

Fisch garen

Fisch ist gar, wenn die Augen hervorquellen oder grau werden, wenn sich die Rückenflosse herausziehen lässt oder wenn man die Hauptgräte vom Fleisch lösen kann.

FISCH SCHUPPEN

Fisch lässt sich leichter schuppen, wenn Sie ihn kurz in heißes Wasser legen und ihn dann anschließend gleich mit kaltem Wasser abschrecken.

FISCHGERUCH

Fischgeruch verhindert man, wenn man alles, was mit Fisch in Berührung kommt, vorher mit kaltem Wasser abspült: also Hände, Bretter, Geschirr usw. Auch nach dem Essen alles kalt abspülen, bevor man mit Spülmittel abwäscht.

Flambieren

Beim Flambieren sollte der Alkohol niemals direkt aus der Flasche in die Pfanne gegossen werden, da die Gefahr besteht, dass die Flamme auf die Flasche überspringt. Immer in einem Löffel oder einem Spezialtöpfchen zugeben.

Fleisch

FLEISCH BRATEN

Fleisch, das gebraten werden soll, muss trocken sein. Deshalb sollte Fleisch, das in einer Marinade eingelegt war, mit Wasser abgewaschen wurde oder tiefgefroren war, mit Küchenkrepp oder einem sauberen Tuch trocken getupft werden.

FLEISCH, WEICHES

Fleisch, das einfach nicht weich werden will, müssen Sie mit etwas Weinbrand begießen. Da erhitzter Weinbrand seinen Eigengeschmack verliert, wird das Gericht im Geschmack nicht verändert.

Fleischbrühe

Fleischbrühe sollte langsam zum Kochen gebracht werden. Niemals kaltes Wasser nachgießen, da die Brühe sonst trübe wird.

Fondue-Öl

Fondue-Öl brodelt nicht über und behält einen besseren Geschmack, wenn man eine halbe rohe Kartoffel dazugibt und mitziehen lässt.

Frittieren

Frittieröl auswählen

Zum Frittieren sollte man ein Öl verwenden, das hoch erhitzbar ist. Bestens eignet sich Kokos-, Palm- und Erdnussöl.

Frittieröl, überschäumendes

Das Überschäumen von Frittieröl wird gestoppt, wenn man einige Stücke Zwiebeln in das Öl gibt.

Frittieröl mit Essig

Damit die Nahrungsmittel nicht zu viel Öl aufsaugen, gibt man in das Frittieröl 1 EL Essig!

Fruchtsäfte und Nektare

Fruchtsäfte und Nektare, die keine Konservierungsstoffe enthalten, sollten kühl und dunkel gelagert werden, damit die Vitamine erhalten bleiben. Angebrochene Flaschen sollten nicht länger als 3–4 Tage aufbewahrt werden, und zwar unbedingt im Kühlschrank.

Gänsefett

GÄNSEFETT VERFEINERN

Gänsefett kann mit kleinen, mitgebratenen Apfelschnitzen delikat verfeinert werden. Zur Geschmacksabrundung geben Sie noch eine Prise Thymian dazu.

GÄNSEFETT VERWENDEN

Gänsefett ist gut geeignet zum Gemüsedünsten oder für Pasteten. Als Brotaufstrich wird es streichfest, wenn man es mit Schweineschmalz (1:1) oder Kokosfett (2-mal Gänseschmalz auf 1-mal Kokosfett) auslässt.

Garzeiten für Steaks (2 cm dick)

Wichtig ist, dass das Steak zu Anfang bei großer Hitze von beiden Seiten angebraten wird, damit sich die Poren außen schließen und das Fleisch innen schön saftig bleibt. Das Steak hat außen eine dünne Kruste und ist innen rosa blutig, wenn es 2 Minuten von jeder Seite bei starker Hitze gebraten wird (= blutig, seignant, rare). Wenn das Steak 1 Minute von jeder Seite bei mittlerer Hitze brät, ist es außen braun, innen zartrosa (rosa, medium, anglaise bzw. á point). Ganz durchgebraten ist es, wenn Sie es 1 Minute von jeder Seite bei großer Hitze und noch 5 Minuten bei mittlerer Hitze braten (= welldone bzw. bien cuit).

Geflügel

GEFLÜGEL GRILLEN ODER BRATEN

Beim Grillen und Braten sollte Geflügel öfter mit einer Nadel in die Haut (aber nicht tiefer) gestochen werden, damit das darunterliegende Fett abfließen kann.

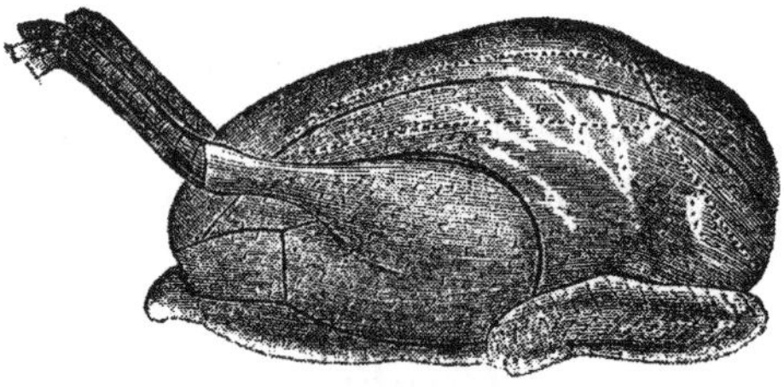

GEFLÜGEL, GEFRORENES, HANDELSKLASSEN

Es wird in Handelsklassen, wie folgt, eingeteilt: Extra A = allerbeste Qualität, A = gute Qualität. Die Handelsklasse B kommt kaum zum Verkauf, die Handelsklasse C gar nicht.

GEFLÜGEL RUPFEN

Geflügelrupfen ist oft eine mühsame Angelegenheit. Wenn Sie das Fleisch mit schwach sodahaltigem Wasser abbrühen, geht das Federrupfen einfacher und schneller.

Gefrierdosen

Gefrierdosen sollten immer gut beschriftet werden, auch das Einfrierdatum darf nicht fehlen!

Gefriergut

GEFRIERGUT EINFRIEREN UND AUFTAUEN

Gefrorenes darf nach dem Auftauen nicht wieder eingefroren werden und sollte bald verbraucht werden. Es ist günstig, wenn man kleinere Portionen einfriert.

GEFRIERGUT, FLÜSSIGES UND BREIIGES

Flüssiges und breiiges Gefriergut sollte nie bis zum Rand der Behälter gefüllt werden, weil es sich beim Einfrieren um etwa 1/10 ausdehnt.

GEFRORENES STÜRZEN

Gefrorene oder halbgefrorene Gerichte und Süßspeisen kann man leichter stürzen und aus der Form lösen, wenn man diese kurz über Wasserdampf hält oder kurz mit einem Tuch, das man vorher in heißes Wasser getaucht hat, umhüllt.

Gelatine

Gelatine geliert schneller, wenn man sie bei kühler Temperatur ausgießt und abkühlen lässt. In hohen Gefäßen dauert der Geliervorgang länger.

Gemüse

GEMÜSE, FARBLOSES

Gemüse, das beim Kochen seine frische Farbe verloren hat, wirkt appetitlicher, wenn man es mit in Butter angeschmolzenem Paniermehl anrichtet, mit viel frischer Petersilie bestreut oder mit Holländischer Soße serviert.

GEMÜSE FRISCH HALTEN

Gemüse hält sich länger frisch, wenn es mit Wasser besprengt (z. B. mit einem Blumensprenger) in einen Bogen Papier eingeschlagen wird.

GEMÜSE KOCHEN

Beispielsweise Kartoffeln brauchen weniger Garzeit, wenn man sie in einem flachen Topf kocht.

GEMÜSEWASSER

Gemüsewasser, das übrig bleibt, eignet sich noch sehr gut zur Herstellung von Suppen, da es noch reichlich Nähr- und Aromastoffe enthält.

Gewürzsalz

Gewürzsalz zur Verfeinerung von Speisen kann man leicht selbst herstellen, wenn man die Gewürze, wie fein gemahlene Nelken, geriebene Muskatnuss, gemahlenen weißen Pfeffer und Cayenne, Thymian, Majoran, Lorbeerblätter und Rosmarin, pulverisiert und mit Jod-Meersalz vermischt. Im Steinguttopf zugedeckt im Kühlschrank bereithalten.

Gräten, verschluckte

Verschluckte Gräten lassen sich mit trockenem Brot, Brei, Kartoffeln oder Sauerkraut besser herunterschlucken. Zitronensaft oder Essigwasser unterstützen das Aufweichen der Gräten im Magen.

Grüne Bohnen

GRÜNE BOHNEN, ROHE

Grüne Bohnen sollten nicht roh verzehrt werden, da sie Spuren von Blausäure enthalten.

GRÜNE BOHNEN KOCHEN

Grüne Bohnen behalten beim Kochen ihre grüne Farbe, wenn sie in nur schwach gesalzenem Wasser und ohne Deckel gegart werden oder wenn Sie in das Kochwasser etwas Zucker streuen.

Gurken

GURKENSAFT, FRISCH GEPRESSTER

Frisch gepresster Gurkensaft enthält wertvolle Bestandteile, wie z. B. Kupfer, Kalk, Magnesium, Eisen, Phosphor.

GURKENSALAT

Gurkensalat verliert seinen oft bitteren Geschmack und liegt nicht mehr im Magen, wenn man die Gurken dünn abschält, anschließend mit heißem Wasser kurz überbrüht und gleich unter kaltem Wasser abschreckt.

Hackbraten

Hackbraten brennt nicht an, wenn man in die Pfanne Alufolie legt oder den Braten mit einer Speckschwarte bedeckt.

Hackfleischteig

Hackfleischteig können Sie mit gekochten, geriebenen Mohrrüben geschickt und auch kostensparend „strecken".

Hammelfleisch

Hammelfleisch muss sehr heiß gegessen werden, da das erkaltete Fett talgig schmeckt. Achten Sie deshalb beim Servieren auf Stövchen.

Honig

Honig ist fast unbegrenzt haltbar, wenn er kühl und fest verschlossen aufbewahrt wird. Er sollte nie offen im Kühlschrank stehen, da er Wasser anzieht und sehr leicht fremde Gerüche annimmt.

Hornbesteck

Hornbesteck bleibt schön, wenn man es ab und zu mit Salatöl abreibt. Es darf nicht unter kochendes Wasser gehalten werden oder in der Geschirrspülmaschine gewaschen werden, da es sich sonst verbiegt.

Hülsenfrüchte

Hülsenfrüchte werden am besten in kaltem Wasser aufgesetzt und erst gesalzen, wenn sie weich sind. Wenn man vergessen hat, sie über Nacht einzuweichen, kann man dem Kochwasser Natron beigeben.

Hummerschalen

Hummerschalen glänzen wunderschön, wenn Sie den Hummer kurz vor dem Servieren mit etwas Salatöl einreiben.

Ingwer

Ingwer darf wegen seines scharfen würzigen Geschmackes nur sehr sparsam verwendet werden. Besonders gut passt das Gewürz an exotische Speisen. Ingwer ist in Wurzelform, frisch eingelegt, kandiert oder in Pulverform erhältlich.

Januarsalate und -gemüse

Dies sind Chicorée, Endiviensalat, Lauchgemüse, Möhren, Rotkohl, Grünkohl, Rosenkohl, Sellerie, Schwarzwurzeln, Weißkohl.

Joghurt

Joghurt kann man selbst herstellen mit speziellen Pilzkulturen in Pulverform aus dem Reformhaus. Aber auch ein Becher biologischer Joghurt lässt sich leicht weiterverarbeiten, wenn man ihn in eine irdene Schüssel mit 1 l mäßig warmer Vollmilch schüttet, mit einem Tuch abdeckt und 15–20 Stunden an einem warmen Ort ruhen lässt.

Kaffee

Kaffee, milder

Kaffee wird milder, wenn Sie eine Prise Salz in das Pulver geben.

Kaffee, gemahlener

Gemahlener Kaffee wird am besten im Kühlschrank aufbewahrt, weil die feinen ätherischen Öle dort am wenigsten verdunsten.

KAFFEEKANNEN

Um den muffigen Geruch lange nicht benutzter Kaffeekannen zu vermeiden, legt man in diese ein Stückchen Zucker.

KAFFEEMASCHINEN

Kaffeemaschinen entkalkt man einfach, indem man anstatt Kaffeewasser eine Essig-Wasser-Mischung durchlaufen lässt. Evtl. den Vorgang wiederholen, zum Schluss mit klarem Wasser nachspülen.

KAFFEEMÜHLEN

Kaffeemühlen säubert man, indem man gelegentlich Reiskörner oder getrocknetes Weißbrot darin mahlt.

Kalamari

Kalamari dürfen bis maximal 45 Minuten gekocht werden, da sie sonst zäh werden.

Kartoffelbrei

Kartoffelbrei, der glasig geworden ist, kann mit etwas Milchpulver oder geschlagenem Eischnee gerettet werden.

Kartoffelchips

Kartoffelchips, die nicht mehr knusprig sind, legen Sie kurz in den vorgeheizten Backofen.

Kartoffeln

Kartoffeln kochen

Neue Kartoffeln bringt man in heißem Wasser zum Kochen. Ältere setzt man am besten in kaltem Wasser auf, damit die Stärke langsam zum Quellen gebracht wird.

Kartoffelkochwasser

Das Kochwasser von Kartoffeln nicht wegschütten. Geben Sie etwas davon in Ihre Bratensoße. Dadurch verfeinern Sie den Geschmack der Soße.

Kartoffeln, schrumpelige

Kartoffeln, die alt und schrumpelig sind, legt man einen Tag in kaltes Wasser. Dabei wird das verlorene Wasser wieder ersetzt. Hiernach lassen sie sich auch besser schälen.

Kartoffeln, gekochte

Gekochte Kartoffeln müssen bald verbraucht werden, da sie nach 12 Tagen ein gefährliches Gift entwickeln (auch nicht mehr an Tiere verfüttern!).

Kartoffeln, rohe

Rohe Kartoffeln, die Sie schon geschält haben, aber doch nicht verwenden, legen Sie in kaltes Wasser und geben einige Tropfen Essig dazu. So bleiben die Kartoffeln (im Kühlschrank aufbewahrt) einige Tage frisch.

Kartoffelpuffer

Kartoffelpuffer bekommen eine besonders appetitliche Färbung, wenn Sie in den Kartoffelteig einige Mohrrüben reiben.

Kartoffelschalen, rohe

Rohe Kartoffelschalen eignen sich gut zum Entfernen von Kesselstein. Man gibt sie mit Wasser in das verkalkte Gefäß und lässt es etwa 1 Stunde kochen.

Pellkartoffeln

Pellkartoffeln lassen sich leicht schälen, wenn man sie vor dem Pellen kurz mit kaltem Wasser abschreckt.

Salzkartoffeln

Salzkartoffeln werden nicht wässrig, wenn Sie die Kartoffeln nach dem Wasserabgießen im offenen Topf gut abdampfen lassen.

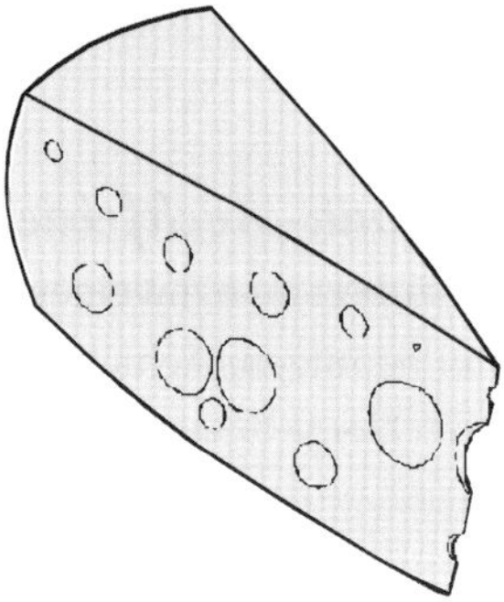

Käse

Käse aufbewahren

Käse lagert man am besten im Gemüsefach des Kühlschranks in einer Schüssel, die man mit einem feuchten Tuch bedeckt.

Käse, hart gewordener

Hart gewordener Käse wird wieder genießbar, wenn man ihn einige Stunden in ein in Weißwein getauchtes Tuch einschlägt.

KÄSEFONDUE

Käsefondue wird leichter verdaulich, wenn man etwas Backpulver in die geschmolzene Käsemasse gibt. Es hilft auch, im Anschluss schwarzen Tee zu trinken.

Kaviar

KAVIARLÖFFEL

Wenn man Kaviar auf dem kalten Buffet anbietet, sollte man darauf achten, dass die Löffel aus Kunststoff sind.

KAVIAR, FRISCHER

Frischen Kaviar genießt man so am besten: Man zerdrückt eine heiße Pellkartoffel mit einer Gabel, gibt etwas saure Sahne oder Créme fraîche darüber und legt auf das Ganze den frischen Kaviar.

Keramik-Kochfelder

Keramik-Kochfelder säubert man mit einem Spülmittel. Keine groben Scheuermittel benutzen. Achten Sie darauf, dass die Kochfelder nicht durch kleine Fremdkörper (wie Sandkörner) zerkratzt werden.

Ketchup

Ketchup fließt flüssiger aus der Flasche, wenn Sie vor dem Gebrauch einen Strohhalm bis auf den Flaschenboden stecken und wieder herausziehen.

Kirschen

Kirschen entkernt man problemlos und schnell mit einer alten Haarnadel, die in einem Korken steckt.

Knoblauch

KNOBLAUCH, GEPRESSTER

Gepresster Knoblauch ist im Geschmack wesentlich schärfer als in Scheiben geschnittener.

KNOBLAUCHPRESSE REINIGEN

Nach Gebrauch reibt man einfach die Presse unter fließendem Wasser ab.

Knödel

Knödel lassen sich gut formen, wenn man die Hände vor der Verarbeitung kurz in kaltes Wasser taucht.

Kochfisch

Kochfisch und Kohl riechen nicht so sehr, wenn man beim Kochen ein essiggetränktes Tuch zwischen Topf und Deckel hängt.

Kochlöffel

Umrühren beim Kochen sollte man nur mit einem Holzlöffel, da Metalllöffel auf manche Speisen chemisch reagieren.

Kochplatten

ELEKTRO-KOCHPLATTEN

Kochplatten bei Elektroherden sollten in ihrer Größe möglichst mit der Topfgröße zusammenpassen. Ist die Kochplatte kleiner, dann kann sich nach und nach der Topfboden in der Mitte hochwölben. Dadurch ist die Wärmeleitung nicht mehr gesichert und es entsteht Energieverlust. Wenn der Topf kleiner ist als die Platte, wird diese nicht wirtschaftlich genutzt.

KOCHPLATTEN-NACHWÄRME

Die Nachwärme können Sie noch nutzen, wenn Sie 5–10 Minuten vor dem Ende der Garzeit die Kochplatte abstellen.

Kochtöpfe, angebrannte

Angebrannte Kochtöpfe sind nur mühsam zu reinigen. Hilfreich ist es, in den Topf Waschpulver zu geben, etwas Wasser darauf zu gießen und über Nacht stehen zu lassen.

Kohlrabiblätter

Kohlrabiblätter nicht wegwerfen! Sie können daraus eine leckere Gemüsebeilage kochen. Einfach wie Spinat zubereiten.

Konfitüren

Konfitüren und Gelees sollten vor dem Einfüllen in Gläser durch eine Gelierprobe überprüft werden. Dazu wird eine Probe der Masse auf einem Teller abgekühlt. Wenn sich schnell eine Haut bildet, kann abgefüllt werden, sonst noch etwas kochen lassen.

Konservendosen

Konservendosen mit gewölbtem Deckel unbedingt wegwerfen. Der Inhalt ist nicht mehr genießbar.

Kopfsalat, welker

Welker Kopfsalat wird wieder frisch, wenn Sie ihn in Wasser legen, in das Sie etwas Zitronensaft träufeln.

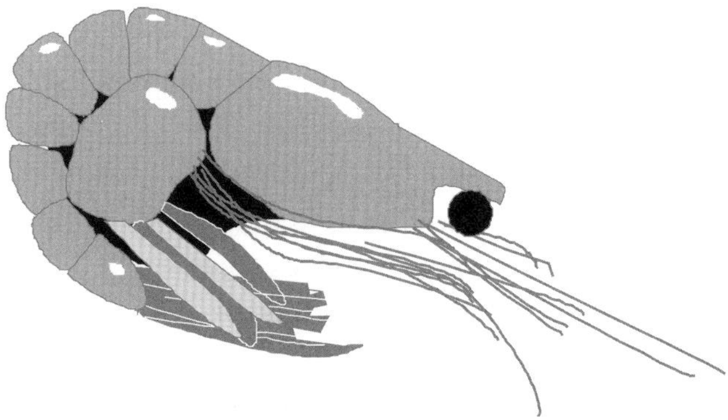

Krabben

Krabben schmecken nicht nach Dose, wenn man sie etwa 10 Minuten in einer Mischung aus Sherry und Essig ziehen lässt.

Kräutertee

Kräutertees sollten nur in Keramik- oder Porzellangefäßen aufgegossen werden.

Kresse

Kresse ist sehr gesund und lässt sich problemlos selbst am Küchenfenster züchten. Geben Sie einfach eine dicke Lage feuchter Papierküchentücher in ein Gefäß, Kresse daraufstreuen, fertig.

Kristallglas

Kristallglas sollte auf keinen Fall in der Spülmaschine gewaschen werden, da durch das Zusetzen der feinen Poren das Glas stumpf und unansehnlich wird.

Kuchen

KUCHEN, TROCKENER

Kuchen trocknen im Backrohr nicht aus, wenn Sie während des Backvorganges ein kleines Schälchen Wasser in den Backofen dazustellen. Kuchen, der zu trocken geworden ist, kann man mit Zitronen- oder Orangensaft (oder Rum, Cognac, Wein) beträufeln und mit Zuckerguss überziehen.

KUCHEN, FESTSITZENDER

Kuchen, der in der Form festsitzt, lässt sich leichter lösen, wenn man ihn kurz auf ein nasses Tuch stellt.

KUCHEN, FRISCHER

Frischer Kuchen lässt sich besser schneiden, wenn Sie das Messer vor jedem Schnitt in heißes Wasser tauchen. (Das Messer wird dadurch aber schnell stumpf!)

KUCHENTEIG

Kuchenteig lässt sich leichter ausrollen, wenn man das Teigrollholz vorher ins Eisfach gelegt und die Tischplatte mit Mehl bestäubt hat. Man kann den Teig auch zwischen zwei Bogen Pergamentpapier oder zwischen Plastikfolie legen und ausrollen. Er klebt dann bestimmt nicht fest.

KUCHENTELLER

Kuchenteller können Sie sich leicht selbst zaubern. Wickeln Sie eine alte Langspielplattenhülle oder ein Stück stabile Pappe mit Alufolie ein.

Küchenbeleuchtung

Arbeitsplatz und Herd in der Küche müssen gut beleuchtet sein. Wählen Sie für die Küche am besten eine normale Allgemeinlampe an der Decke oder über einem Essplatz und sorgen Sie für helle Arbeitslampen (Leuchtstofflampen usw.), die man nach dem Kochen ausschaltet.

Küchenkräuter

KÜCHENKRÄUTER AUFBEWAHREN

Küchenkräuter werden in Keramikbehältern im Kühlschrank aufbewahrt oder zum Trocknen an einen Haken gehängt. Sie sollten niemals im Wasser stehend aufbewahrt werden.

KÜCHENKRÄUTER SCHNEIDEN

Küchenkräuter schneidet man am besten auf Glas, Porzellan oder auf einer Marmorplatte (nicht auf Holz).

Küchenlappen

Küchenlappen und Spülbürsten kann man in der Geschirrspülmaschine mitreinigen.

Salamimesser.

Verzierungsmesser.

Küchenmesser

Küchenmesser werden stumpf, wenn sie in heißem Wasser oder gar in der Geschirrspülmaschine abgewaschen werden. Am besten nur mit einem feuchten Tuch abwischen.

Kühlhalten

KÜHLHALTEN VON SPEISEN

Sollte Ihr Kühlschrank vor einer Party für die vorbereiteten Speisen nicht ausreichen, stellen Sie die Schüsseln mit den

Speisen einfach in noch größere Gefäße, die Sie mit Salzwasser und Eisstücken gefüllt haben.

KÜHLHALTEN VON GETRÄNKEN

Kühlhalten von Wein und Mineralwasser für eine Party ist einfach, wenn Sie die Flaschen in die mit kaltem Wasser und einer Handvoll Salz gefüllte Badewanne stellen.

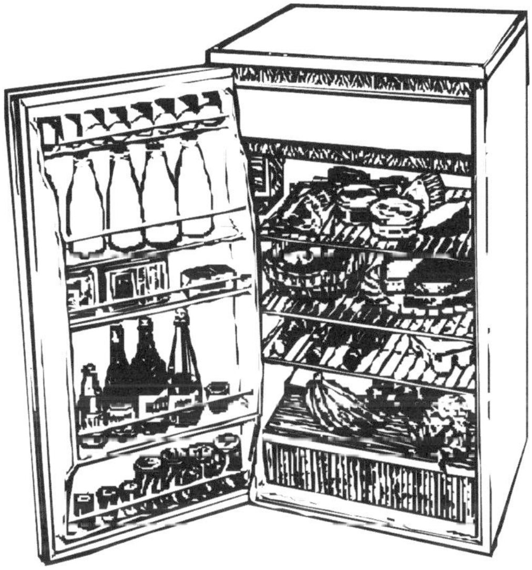

Kühlschrankfrische

Den Kühlschrank regelmäßig mit Essigwasser auswischen.

Kupfergeschirr

Kupfergeschirr darf zum Kochen nur verwendet werden, wenn es innen mit einer Legierung versehen ist. Das Beste ist eine Kombination aus Kupfer und Edelstahl.

Lachs

LACHS, FRISCHER

Frischer Lachs muss folgende Kennzeichen tragen: Glänzende Schuppen; Flossen und Schwanz dürfen nicht angetrocknet sein.

LACHS, ROHER

Roher Lachs schmeckt am besten, wenn man ihn entweder mit Essig und Öl oder mit Joghurt-Zitronensaft beträufelt.

Leber

Leber lässt sich mühelos häuten, wenn Sie das Fleischstück kurz in heißes Wasser eintauchen.

Lebkuchen, eingetrocknete

Eingetrocknete Lebkuchen werden wieder weich, wenn Sie einen geschälten Apfel mit in die Blechdose geben.

Lorbeerblätter

Lorbeerblätter lassen sich ganz einfach aus Ihrem Essen entfernen, wenn Sie die Blätter in ein Tee-Ei geben.

Mais

MAIS, GELBER

Mais wird so richtig schön gelb, wenn Sie dem Kochwasser ein paar Spritzer Zitronensaft beifügen.

Maiskolben kochen

Die Maiskörner bleiben schön zart, wenn man ins Kochwasser kein Salz streut. Den Maiskolben erst kurz vor dem Servieren mit Salz bestreuen.

Maiskolben putzen

Die leicht klebenden Fäden an einem Maiskolben lassen sich mit einer alten Zahnbürste oder ausrangierten Nagelfeile einfach entfernen.

Majoran

Das beliebte Küchengewürz hat magenstärkende und blähungswidrige Eigenschaften.

Makrelen

Makrelen sind laut neuesten Forschungen bei Herz- und Kreislauferkrankungen zu empfehlen!

Mandeln

Mandeln lassen sich einfach häuten, wenn Sie sie mit kochendem Wasser übergießen.

Mangoldgemüse

Bei der Zubereitung von Mangoldgemüse verwendet man nicht nur die Blätter, sondern auch die sehr schmackhaften Stiele, die nur noch klein geschnitten werden müssen.

Marmelade

MARMELADE, EINGETROCKNETE

Eingetrocknete Marmelade wird schnell wieder flüssig, wenn man das geöffnete Marmeladenglas in kochend heißes Wasser stellt und ca. 5 Minuten darin kochen lässt!

MARMELADENGELEE

Um die Bildung von Kondenswasser beim Geleemachen zu verhindern, muss man das Gelee immer erst etwas abkühlen lassen, bevor man es in das Glas einfüllt.

MARMELADENGESCHMACK

Man verfeinert den Geschmack, indem man, je nach persönlicher Note, etwas Rum, Wodka, Cognac oder Calvados dazugibt. Auch fertig gekaufte Marmeladen lassen sich so verändern.

MARMELADENGLÄSER

Marmeladengläser platzen nicht, wenn sie beim Einfüllen der heißen Flüssigkeit auf einem feuchten Tuch stehen und wenn man einen Silberlöffel beim Einfüllen hineinlegt. Man kann die Gläser aber auch in der Backröhre vorwärmen, um den Temperaturausgleich herzustellen.

Marzipan

Marzipan hebt man im Kühlschrank auf. Man wickelt es in ein feuchtes Tuch ein.

Märzsalate und -gemüse

Dies sind Chicorée, Gartenkresse, Möhren, Rosenkohl, Rotkohl, Weißkohl.

Mayonnaise

Mayonnaise gerinnt nicht, wenn man vor dem Rühren zuerst den Senf in die Schüssel gibt und dann erst das Eigelb. Die Zutaten sollten möglichst gleich kühl sein.

Meerrettich

MEERRETTICH, GEFRORENER

Meerrettich lässt sich in gefrorenem Zustand reiben, ohne dass man weinen muss.

MEERRETTICH, GERIEBENER

Geriebener Meerrettich wird nicht dunkel, wenn man ihn gleich nach dem Reiben mit etwas Zitronensaft beträufelt.

Mehl

Mehl lässt sich in Wasser auflösen, wenn man eine Prise Salz daruntermischt.

Milch

MILCH, HEISSE

Heiße Milch bekommt keine Haut, wenn Sie sie durch einen kleinen Eiswürfel schocken.

MILCHKOCHTÖPFE

Kochtöpfe vor dem Gebrauch gut mit kaltem Wasser ausspülen, damit die Milch beim Kochen nicht so leicht anbrennt.

MILCH, SAURE

Milch wird nicht sauer, wenn man sie mit Zucker kocht.

MILCH, ÜBERKOCHENDE

Milch kocht nicht über, wenn man den Topfrand mit Butter bestreicht.

Mohn

Mohn sollte man nie auf Vorrat kaufen, da er sich nicht lange hält und wegen seines Ölgehaltes leicht ranzig wird. Erst vor dem Verarbeiten mahlen.

Möhren

Möhren kochen

Möhren nie in einem Aluminiumtopf kochen, da sie sonst ihre herrliche Farbe verlieren und unansehnlich grau werden.

Möhren putzen

Möhren gründlich unter laufendem Wasser abbürsten, nicht abschaben. So bleiben die wertvollen Vitamine, die direkt unter der Schale sitzen, erhalten.

Mürbeteig

Mürbeteig lässt sich bis zu einer Woche im Kühlschrank aufbewahren, wenn man ihn in Pergamentpapier einwickelt.

Napfkuchen

Napfkuchen backen

Damit der Napfkuchen im Backofen nicht zusammenfällt, sticht man einfach ein Stück Makkaroni in die Oberfläche des Napfkuchens.

Napfkuchenform

Damit die Form des Napfkuchens sich leichter vom Kuchen löst, lässt man ihn einfach ein paar Minuten zum Abkühlen stehen. Streut man die Innenseite der Form vor dem Backen mit gemahlenen Mandeln oder Haselnüssen aus, erhält man nicht nur lecker schmeckende Ränder, sondern einen Napfkuchen, der sich mit diesem kleinen Trick schnell und einfach aus der Form lösen lässt.

Natron

Natron ist ein vielseitiges Küchenmittel. Viele Speisen werden weich mit Natron, z. B. Fleisch und Hülsenfrüchte.

Nockerln, zerkochte

Zerkochte Nockerln kann man retten, wenn man sie aus der Flüssigkeit (Suppe) schöpft und mit Ei, Grieß oder Paniermehl fester formt.

Nudeln

Nudeln kleben beim Kochen nicht zusammen, wenn Sie einen Teelöffel Öl ins Kochwasser geben.

Obst

Obst, erfrorenes

Erforenes Obst kann meistens noch verwendet werden, wenn man es eine Weile in kaltem Salzwasser lagert.

Obst- und Gemüsehaut

Haut, z. B. von Pfirsichen, Aprikosen, Mandeln, Tomaten und Pellkartoffeln, löst sich leichter, wenn man die Früchte nicht nur überbrüht, sondern danach mit kaltem Wasser „abschreckt" oder darin abkühlen lässt.

Obst und Gemüse, tiefgefroren

Benötigt man von einer Packung tiefgefrorenem Gemüse oder Obst nur einen Teil, schneidet man sich einfach die benötigte Menge mit einer Säge ab. Den Rest umwickelt man mit Gefrierfolie und legt die Packung wieder schnell zurück in die Tiefkühltruhe!

Obsttortenboden

Bereits nach kurzer Zeit weicht das Obst eines Kuchens den Tortenboden durch. Abhilfe schaffen Backoblaten. Man verteilt sie deckend auf den ganzen Tortenboden und gibt dann erst die Früchte darauf!

Öl

Öl haltbar machen

Öl bleibt länger haltbar, wenn man vor dem Einfüllen etwas Salz in den Ölbehälter streut.

Öl aufbewahren

Öl sollte niemals im Kühlschrank aufbewahrt werden, da beim Auftauen der Geschmack leidet. Am besten heben Sie Öl in einer dunklen Flasche, an einem dunklen Ort, bei mäßiger Temperatur auf. Man kann die Ölflasche auch mit einer Silberfolie umwickeln.

Oliven

Oliven im angebrochenen Glas schimmeln nicht, wenn man sie mit Öl oder Zitronensaft bedeckt.

Olivenöl

Olivenöl wird nicht so schnell ranzig, wenn Sie ein Stück Würfelzucker in die Flasche geben.

Oktobersalate und -gemüse

Dies sind: Blumenkohl, Kohlrabi, Lauch, Mangold, Möhren, Rotkohl, Sellerie, Steckrüben, Tomaten, Wirsing.

Orangeat

Orangeat kann man wie folgt leicht selber zubereiten: Man wäscht die Schale einer ungespritzten Orange gründlich mit heißem Wasser und schält dann ab. Die Schale wird in kleine Würfel zerteilt. Diese gibt man in Honig und stellt sie zur Aufbewahrung in den Kühlschrank.

Orangenschnitze häuten

Dies funktioniert ganz einfach: Man schneidet mit einem scharfen Messer die Oberkante des Fruchtstückes ein und zieht dann die Haut seitlich ab.

Oregano

Das Kraut ist geschmacklich dem Gewürz sehr ähnlich. Viele südländische Gerichte werden mit diesem Gewürz in frischer oder getrockneter Form verfeinert. Für die optimale Geschmacksentwicklung ist ein Mitkochen ganz wichtig!

Paniermehl

Paniermehl wird in der Mikrowelle wie folgt unkompliziert und schnell produziert. Man legt 1 Scheibe Vollkornbrot und 1 Brötchen 2 Minuten bei höchster Stufe in das Gerät. Anschließend zerreibt man das Ganze!

Parmesan

Parmesan hält sich wochenlang frisch, wenn Sie ihn (am Stück) in Salz aufbewahren.

Petersilie immer frisch

Sie haben auch im Winter immer frische Petersilie zur Hand, wenn Sie ein paar Petersilienwurzeln, statt in die Suppe, in die Erde stecken (am Fenster aufbewahren) und regelmäßig gießen. Die Petersilie treibt aus und kann anschließend frisch geerntet werden.

Pfannkuchen

Pfannkuchen werden besonders locker, wenn in den Teig anstelle von Wasser ein Schuss Bier oder Mineralwasser eingerührt wird.

Pfeifenreiniger

Pfeifenreiniger in Öl getaucht, eignen sich gut zum Ölen von schwer zugänglichen Stellen an Küchengeräten.

Pilze

PILZE, VERTRÄGLICHKEIT

Pilze sind schwer verdaulich. Man sollte sie möglichst nicht abends essen. Je kleiner man die Pilze schneidet und je mehr man sie kaut, desto leichter sind sie verdaulich.

PILZE, GETROCKNETE

Getrocknete Pilze sollte man möglichst schon einen Tag vor Gebrauch in Wasser (oder Milch – z. B. bei Morcheln) einweichen, damit sie schon weich werden. Den aromatischen Einweichsud sollte man beim Kochen mit verwenden.

Plastikgeschirr

PLASTIKGESCHIRR REINIGEN

Plastikgeschirr sollte nur mit warmem Wasser gereinigt werden. Nie in der Geschirrspülmaschine mitwaschen oder mit Spülmitteln behandeln. Es wird sonst schnell grau und unansehnlich.

PLASTIKGESCHIRR, GELBES UND ORANGES

Achtung: Plastikgeschirr in Gelb oder Orange kann Kadmium enthalten.

Pudding

Pudding und süße Soßen bekommen beim Kaltwerden keine Haut, wenn man sie vor dem Abkühlen mit etwas heißem Zucker bestreut.

Quark

Quark bleibt länger frisch, wenn Sie die Packung auf den Kopf gestellt im Kühlschrank aufbewahren.

Radieschen

Radieschen bleiben mehrere Tage lang frisch und knackig, wenn man sie mit den Blättern nach unten in ein Glas Wasser stellt (täglich erneuern).

Reis

Reis kochen

Reis, der mit Bouillon, Gemüse- oder Fleischbrühe gekocht wird, schmeckt würziger.

Reiskochwasser

Kochwasser nicht weggießen! Es ist eine billige und gute Textilstärke z. B. für Gardinen und feine Seidenstoffe. Man legt die Textilien nach dem Waschen eine Zeit lang in Reiskochwasser mit einem Schuss Borax und hängt sie tropfnass auf. Mit mäßig warmem Eisen und Tuch bügeln.

Remouladensoße

Remouladensoße, die zu dünn geworden ist, wird dicker, wenn man ein hart gekochtes, zerdrücktes Eigelb oder ganze, klein gehackte gekochte Eier untermischt.

Rinderbraten

Der Rinderbraten wird besonders saftig, wenn Sie das Fleischstück vor dem Anbraten kurz in kochendes Wasser eintauchen.

Rohkostsalate

Rohkostsalate sollte man möglichst frisch einkaufen und sofort verwenden, weil sie sonst fade schmecken und die wichtigen Vitamine durch Sauerstoffzufuhr innerhalb kürzester Zeit zerstört werden. Salate, die in einer Marinade ziehen sollen, deckt man zu.

Rotkohl schneiden

Rotkohlschneiden verfärbt die Hände unansehnlich rot. Wenn Sie Ihre Hände nach dem Schneiden mit Zitronensaft einreiben, werden sie schnell wieder sauber.

Rotweine

ROTWEIN SERVIEREN

Rotweine serviert man (außer italienische Rotweine und Primeurs) „zimmerwarm", d. h. aber auch nicht sehr warm; der Ausdruck „zimmerwarm" entstammt aus der Zeit, als diese Temperatur etwa 16 °C betrug.

ROTWEINFLASCHEN

Rotweinflaschen bereits 2 Stunden vor dem Gebrauch entkorken. So kann sich der Wein mit der Luft verbinden und dadurch sein volles Aroma entwickeln.

ROTWEIN „LÜFTEN"

Manche Rotweine brauchen unbedingt Luft, um ihr Aroma entfalten zu können. Man gießt diese Weine (oft sehr kräftige oder auch sehr junge Weine) vorsichtig in eine Karaffe um oder lässt sie vor dem Servieren eine Zeit lang offen in der Flasche stehen.

Rühreier

Rühreier werden ergiebiger und pikanter, wenn man der Eimasse etwas (pro Person 1 TL) geriebenen Käse beigibt oder zum Schluss die fertigen Eier in der Pfanne mit Käse überstreut und zugedeckt etwas ziehen lässt.

Rumtopf

Verwenden Sie gut ausgereifte Früchte und Rum, der einen Alkoholgehalt von 50 % hat. Naschen zwischendurch mit Händen und Küchenbesteck ist zu unterlassen, da der Inhalt dann leicht schimmeln kann.

Salz

SALZEINSATZ

Salz wird in der Küche vielseitig eingesetzt, z. B. zum Kühlhalten von Getränken und Speisen. Angebrannte Speisen lösen sich leichter aus den Töpfen. Man kann Maden und Mehlwürmer durch Beigabe von Salz aus Gemüse vertreiben und von Mehl fernhalten.

SALZ IN SALATSOSSEN

Salz löst sich nicht in Öl. Beim Zubereiten von Salatsoßen löst man daher zuerst das Salz in Essig und gibt dann erst das Öl hinzu.

SALZ, KLUMPENDES

Salz klumpt nicht, wenn man in den Salzstreuer einige Reiskörner hineingibt.

Salzgebäck

Niemals auf Silberschalen aufbewahren oder servieren. Das Salz greift das Silber an und hinterlässt Flecken und matte Stellen.

Schimmel

Schimmel ist gefährlich. Verschimmelte oder angeschimmelte Lebensmittel sollten sofort weggeworfen werden. Versuchen Sie nicht, angeschimmelte Lebensmittel noch zu retten, indem Sie den Schimmelbelag abschneiden oder z. B. bei Marmelade abheben. Schimmel ist sehr oft auch schon da, wo man ihn noch nicht sieht.

Schinken, roher

Roher Schinken, der zu salzig ist, wird zart, wenn man ihn einige Stunden in Milch legt.

Schmalzgebackenes

Schmalzgebackenes liegt oft schwer im Magen. Wenn Sie dem Backfett einen Löffel Rum beifügen, nimmt das Gebäck nicht so viel Fett auf und ist leichter bekömmlich.

Schnellkochtöpfe

Schnellkochtöpfe sollte man so oft wie möglich benutzen, da diese sehr energiesparend kochen (im Durchschnitt sparen sie 15- bis 20%ige Energie).

Schnittlauch

Schnittlauch verliert seine gesundheitsfördernden Eigenschaften (blutreinigend, Vitamin-C-Gehalt und Eisen), wenn er erhitzt wird – deshalb nie mitkochen. Man sollte ihn v. a. in Quark, grünen Soßen und in Salat verwenden.

Schokolade

Schokolade, die Sie zum Backen brauchen, können Sie ganz einfach zerkleinern, indem Sie die Tafel im Papier eingewickelt lassen und mit der genoppten Seite eines Fleischklopfers darauf schlagen.

Schüsseln

Schüsseln stehen beim Rühren fest, wenn man sie auf einen feuchten Lappen stellt.

Schwarzwurzeln

Schwarzwurzeln putzt man am besten unter laufendem Wasser. Man sollte aber unbedingt ein Tuch über den Abfluss legen, damit die abgeschabten Schalen den Abfluss nicht verstopfen. Die Hände kleben nicht, wenn man sie vor dem Schwarzwurzelputzen mit Öl eingerieben hat. Man kann die Schwarzwurzeln auch vor dem Putzen mit kochendem Wasser abschrecken, dann lässt sich die Haut abziehen.

Senf

Senf sollte kühl, dunkel und verschlossen aufbewahrt werden, damit er nicht austrocknet. Ist das doch mal passiert, kann er mit Essig und Weißwein wieder glatt gerührt werden.

Silber

Silber ohne Anlaufen

Silber läuft nicht mehr an, wenn Sie in den Schrank oder Besteckkasten ein Stückchen Kampfer legen.

Silber, angelaufenes

Bereits angelaufenes Silber reibt man mit Salmiakgeist ab. Man kann es auch zusammen mit einer Alufolie in kochendes Wasser legen und einen Löffel Salz dazugeben. Silber und Alufolie müssen sich berühren.

Soßen

Soßen warm halten

Soßen, die man vor dem Servieren nicht mehr aufwärmen darf, weil sie sonst zusammenfallen, kann man in der Thermosflasche warm halten.

Soßen binden

Soßen, die mit einem Gemüsebrei gebunden werden, sind schmackhaft und haben weniger Kalorien.

SOSSENZUTATEN

Wenn man zum Herstellen von Soßen Alkohol verwendet, ist es vorteilhaft, das Flüssigkeitsvolumen vorher durch Einkochen zu verringern.

Spargel

SPARGEL, GESCHÄLTER

Geschälter Spargel hält sich frisch, wenn man ihn in ein Tuch einwickelt, das man vorher in Essig- oder Salzwasser getaucht hat.

SPARGEL KOCHEN

Spargel wird besonders schmackhaft, wenn man dem Kochwasser außer Salz ein bisschen Zucker und Öl – oder noch besser ein Stück Butter – beigibt.

Speck

SPECK, KNUSPRIGER

Knuspriger Speck ist eine delikate Essensbeilage. Damit der Speck auch richtig rösch wird, tauchen Sie ihn, kurz bevor Sie ihn in die Pfanne geben, in kaltes Wasser ein.

SPECK SCHNEIDEN

Speckschneiden wird leichter, besonders bei großen, dünnen Scheiben, wenn man den Speck vorher im Eisfach hart werden lässt. Braucht man viele Speckscheiben, kauft man den Speck am Stück und lässt ihn vom Metzger auf der Wurstschneidemaschine in Scheiben schneiden. (Pergamentpapier dazwischenlegen lassen!)

Speisen, versalzene

Versalzene Speisen kann man noch retten, wenn man rohe Kartoffeln mitkocht. Sie saugen das Salz auf.

Speisen, warme

Warme Speisen in den Kühlschrank gestellt, erhöhen den Kälte- und den Strombedarf erheblich.

Speisereste, eingebrannte

Eingebrannte Speisereste lassen sich entfernen, wenn man Salzwasser im Kochtopf kurz aufkocht.

Stahlwollschwämme

Stahlwollschwämme, mit denen Sie angebrannte Kochtopfböden reinigen können, sollten Sie in kleinen Blumentöpfen aus Ton aufbewahren. Der Ton saugt die Feuchtigkeit aus dem Schwamm und verhindert so das Rosten!

Strudelteig

Strudelteig, z. B. für einen Apfelstrudel, lässt sich einfacher verarbeiten und reißt nicht mehr so schnell, wenn man etwas Essig und Öl in den Strudelteig vermengt.

Sud abseihen

Falls bei der Herstellung eines Kräutersudes viele kleine Blätterteile im Sud schwimmen, seiht man nicht durch ein Sieb, sondern durch einen Kaffeefilter ab!

Suppen, versalzene

Suppen, die versalzen sind, kann man mit etwas Sahne und Eigelb milder machen. Auch 1–2 Kartoffeln, die man kurz mitkocht und vor dem Servieren herausnimmt, können das Salz neutralisieren.

Suppenfleisch

Wenn man ein besonders gutes Fleisch haben will, gibt man es in kochendes Wasser. Wenn man mehr Wert auf gute Brühe legt, setzt man das Fleisch mit kaltem Wasser auf. Mit einem Schuss Kognak wird die Suppe besonders fein und das Fleisch schneller gar.

Tee

Tee aufgiessen

Tee in Porzellan-, Ton- oder Glastassen aufgießen, Metallgefäße aus Aluminium und Kupfer sind ungeeignet.

Tee, schwarzer

Schwarzer Tee sollte nur in Kannen zubereitet werden, die ausschließlich dafür benutzt werden. Teekanne innen nur ausspülen, der dunkle Belag erhöht noch das Aroma.

TEEGESCHIRR

Teegeschirr, d. h. Gefäße, in denen Tee zubereitet und serviert wird, sollte nicht für andere Getränke benutzt werden. Teekannen bekommen nach einiger Zeit braune Ränder. Wen das stört, der kann mit Hagebuttentee, den man einige Zeit darin stehen lässt, den Belag schonend entfernen, ebenso mit Brennnesselsud.

TEEWASSER

Teewasser sollte 2–3 Minuten kochen, ehe es auf die Teeblätter gegossen wird. Wenn das Wasser sehr hart ist, sollte man zum Teekochen lieber kohlensäurefreies Mineralwasser nehmen. Man kann dem Wasser auch eine Prise Natron beigeben, um den Geschmack zu verbessern. Teekannen sollte man vor dem Aufbrühen heiß ausspülen.

Teflon®-Pfannen

Beschichtete Teflon®-Pfannen reagieren empfindlich gegen Hitze über ca. 250 °C, gegen das Reinigen mit Scheuermittel und Stahlwolle und gegen spitze, scharfe Gegenstände.

Teigrollen

Wenn man keine Teigrolle zur Hand hat oder beim weihnachtlichen Plätzchenbacken eine zweite für die Kinder braucht, kann man sich mit einer leeren Weinflasche behelfen. Diese mit kaltem Wasser füllen, zukorken und dann kurz in den Kühlschrank legen.

Teller

Gerissene Teller (z. B. Antiquitäten) sollte man etwa eine ¾–1 Stunde in Milch kochen. Risse werden hierdurch unsichtbar.

Thermoskannen und -gefäße

Thermoskannen und -gefäße dürfen nie ganz bis zum Rand gefüllt werden, besonders nicht mit heißen Flüssigkeiten. Diese dehnen sich aus, sodass die Gefäße platzen können.

Tiefkühlgut

Tiefkühlgut beschriftet man entweder mit Klebeetiketten oder mit Folienfilzschreiber (Datum nicht vergessen!).

Tomaten

TOMATEN, WEICHE

Weiche Tomaten werden wieder fest, wenn man sie in kaltes Wasser legt.

TOMATEN, SELBST GEZOGENE

Selbst gezogene Tomaten, die im Herbst nicht mehr rot geworden sind, zusammen mit einem reifen Apfel in einer Papiertüte aufbewahren. Das dem Apfel entweichende Äthylengas beschleunigt die Reifung.

Töpfe

TOPFDECKEL

Topfdeckel sollen gut schließen, da durch ständiges Abdampfen Wärme verloren geht. Bei nur einen Spaltbreit geöffnetem Topf ist der Wärmeverlust fast so groß wie bei Töpfen ohne Deckel.

TÖPFE, ANGEBRANNTE

Angebrannte Töpfe werden wieder sauber, wenn Sie darin etwas Wasser mit Backpulver aufkochen. Die angebrannten Speisereste lassen sich so leicht lösen.

TÖPFE UND SCHÜSSELN

Töpfe und Schüsseln, in denen z. B. zum Kuchenbacken Mehl mit Milch und Eiern verarbeitet wurde, spült man zuerst mit kaltem Wasser ab, damit sich die Reste besser lösen.

Topfkratzer

Topfkratzer sind geeignet zum Putzen von Wurzelgemüsen.

Turmkochen

Durch „Übereinanderstellen" von Töpfen auf einer Kochplatte lässt sich die Wärmeabgabe besser ausnutzen. Wichtig dabei ist, dass die gestapelten Töpfe dicht abschließen. Ganze Menüs lassen sich auf diese Weise kostensparend kochen. Zuunterst sollte dabei immer das Gericht mit der längsten Garzeit stehen (z. B. Gulasch, Gemüse, Reis). Üben Sie erst mit zwei Töpfen, z. B. Schmorbraten und Kartoffeln.

Vanille

Vanillestangen werden geschlitzt und einfach mitgekocht. Sie verleihen Süßspeisen einen süßlich-würzigen Geschmack.

Veilchen, gewaschene

Gewaschene Veilchen dekorieren bunte Salate und können mitgegessen werden.

Verstopfungen in Abflüssen

Verstopfungen in Abflüssen sollte man am besten mechanisch mittels Saugglocken, Spiralen oder durch Öffnen und Reinigen des Siphons beheben. Ablagerungen von Kalk und Eisen lassen sich mit Essigsäure entfernen.

Walnüsse

Walnüsse schälen

Walnüsse lassen sich sehr viel leichter schälen, wenn Sie die Nüsse über Nacht in handwarmes Wasser legen.

WALNUSSVERZEHR

Beim Verzehr von Walnüssen ist zu beachten, dass die Nüsse Inhaltsstoffe haben, die blutdrucksteigernd sind.

Warmhalteplatten

Warmhalteplatten müssen nach dem Benutzen sofort gereinigt werden, damit sich keine Krusten bilden. Dabei sollte nie die ganze Platte ins Wasser getaucht werden: Nur mit einem Tuch oder Schwamm abwischen.

Wasserbad

Beim Wasserbad sollte der zweite Topf nicht im, sondern über dem heißen Wasser hängen.

Wassermelonen, reife

Um herauszufinden, ob eine Wassermelone reif für den Verzehr ist, muss man die Frucht an mehreren Stellen mit dem Finger abklopfen. Entsteht ein dumpfer, dunkler Ton, ist sie reif. Ein hohler Ton deutet auf eine Überreife hin!

Wasser, kaltes

Kaltes Wasser sollte nicht in kochende Speisen gegossen werden. Besonders Fleisch und Hülsenfrüchte werden dadurch schwer weich, weil das Eiweiß durch das Abschrecken mit kaltem Wasser eine harte Kruste bildet.

Wasserzugabe

Vermeiden Sie beim Kochen allzu großzügige Wasserzugabe. Unnötig viel Wasser verlängert die Ankochzeit, erhöht den Stromverbrauch und vermindert die Qualität der Speisen.

Weihnachtsgebäck

Weihnachtsgebäck behält sein Aroma und bleibt frisch, wenn es in einer geschlossenen Dose mit einem Apfelstück aufbewahrt wird.

Wein

Weineinkauf, umweltfreundlicher

Wohin mit den leeren Weinflaschen? Sicherlich ist der Gang zum Altglascontainer für viele schon selbstverständlich geworden. Gerade aber bei Wein macht sich ein neuer Trend breit. Man lässt die leeren Weinflaschen in der Weinhandlung einfach wieder auffüllen! Das ist zum einen sehr originell, zum anderen freut sich die ohnehin schon sehr geplagte Umwelt darüber!

Weinreste

Oftmals bleibt in einer Weinflasche ein kleiner Rest über, den man jedoch nicht wegschütten sollte. Man gießt ihn einfach in einen Eiswürfelbehälter und friert das Ganze ein. So hat man immer zum Würzen etwas Wein parat, ohne gleich eine neue Weinflasche öffnen zu müssen!

Weissweine

Weinreste sollen kühl serviert werden. Sie sollten jedoch nicht länger als einen Tag im Kühlschrank liegen, da übermäßige Kälte die zarten Duftstoffe tötet.

WEISSWEIN, TROCKENER

Trockener Weißwein verliert beim Kochen ¾ seiner Kalorien und seinen gesamten Alkoholgehalt!

Wild

Wild wird nicht trocken, wenn es erst kurz vor dem Braten gesalzen wird. Man sollte es auch nicht, wie vielfach üblich, spicken, da dabei auch viel Saft verloren geht. Am besten ist es, wenn man das Wild in dünne ungesalzene Speckscheiben wickelt.

Wirsingkohl

Wirsingkohl schmeckt nur dann bitter, wenn Sie beim Kochen den Topf zudecken.

Wurst, angeschnittene

Angeschnittene Wurst behält die Farbe, wenn die Schnittfläche mit Pergamentpapier, das man vorher mit Wasser angefeuchtet hat, bedeckt wird.

Zeitungspapier

Zeitungspapier ist nicht geeignet für das Einwickeln von Salat und anderen Lebensmitteln, da Druckerschwärze giftig oder zumindest gesundheitsschädlich ist.

Zimmersalate

Kresse, Weizenkeimlinge, Rettich und viele andere Pflänzchen, die sich zu delikaten Salaten verarbeiten lassen, kann man im Zimmer selbst ziehen, wenn man eine Schüssel, ein Blech- oder Obstkistchen usw. mit angefeuchteter Watte oder einem Moltontuch belegt und mit Samen bestreut. Die Behälter sollten zuerst an einem warmen Ort, später am Fenster aufgestellt werden. Ernten kann man nach 6–10 Tagen.

Zimt

Zimt gibt es in Form von Zimtstangen oder als Pulver. Sein sehr individuelles, süßliches Aroma verfeinert Reis- und Grießbreie, Bratäpfel, Kuchen und diverses Gebäck.

Zitronat

Zitronat lässt sich ganz einfach selbst herstellen. Man wäscht die Schale einer Zitrone gründlich mit heißem Wasser ab. Unbedingt darauf achten, dass nur ungespritztes Obst verwendet wird! Dann schält man mit einem scharfen Messer die Schale ab und zerteilt sie in kleine Würfel. Diese gibt man in Honig und stellt sie zur Aufbewahrung in den Kühlschrank.

Kleidung & Textilien

Angora

ANGORA- ODER MOHAIRWOLLE

Angora- oder Mohairwolle lässt sich leicht stricken, wenn man die Knäuel vorher (über Nacht) in einer Plastiktüte im Gefrierfach aufbewahrt.

ANGORAPULLIS

Angorapullis usw. wäscht man am besten im Handwaschbecken – nicht zu warm und nicht zu kalt. Das ideale Waschmittel ist eine Olivenölseife. In das Spülwasser etwas Vaseline geben.

Badeanzüge

Badeanzüge, die im Meerwasser getragen wurden, sollte man nach dem Baden mit Leitungswasser mehrmals gut durchspülen, weil das Salz sonst das Gewebe angreift.

Bademützen

Bademützen werden nicht so schnell brüchig, wenn Sie sie in einem Plastikbeutel aufbewahren, in den Sie noch etwas Babypuder geben. Oder Sie reiben die Badekappen einfach mit Glyzerin ein.

Baumwollpullover

Baumwollpullover tragen sich zwar sehr angenehm, leiern aber in der Waschmaschine manchmal aus. Das passiert nicht, wenn man die Pullover in einen ausrangierten Kopfkissenbezug gibt, diesen zuknöpft und dann in die Waschmaschine legt!

Baumwollstores, vergilbte

Vergilbte Baumwollstores werden wieder weiß, wenn man der Seifenlauge eine Handvoll Salz zugibt.

Blaubeerflecken

Blaubeerflecken in Textilien entfernt man, wenn man die verschmutzten Teile in Buttermilch oder saurer Milch einweicht und danach mit Seifenlauge auswäscht.

Bettwäsche, bügelfreie

Bügelfreie Bettwäsche sollte sofort nach Beendigung des Waschgangs möglichst ungeschleudert aufgehängt werden.

Brandflecken in Textilien

Leichte Brandflecken in Textilien behandelt man mit kaltem Wasser. Schwerere werden mit Salz, ganz starke mit 10%igem Wasserstoffsuperoxid behandelt und jeweils einige Stunden in die Sonne gelegt.

Bügelfalten

Bügelfalten sollten ab und zu erneuert werden. Tauchen Sie ein Tuch in Essigwasser (⅓ Essig, ⅔ Wasser) und legen Sie das ausgewrungene Tuch auf die Bügelfalte, die dann mehrmals überbügelt wird.

Bügel- oder Mangelwäsche

BÜGELBRETTBEZUG

Bügelbrettbezug, der gewaschen wurde, sitzt wieder perfekt auf Ihrem Bügelbrett, wenn Sie ihn in noch feuchtem Zustand über das Brett spannen.

BÜGEL- UND MANGELWÄSCHE SPRENGEN

Bügel- oder Mangelwäsche sprengt man möglichst schon einen Tag vor dem Bügeln ein und verpackt sie in einer Plastiktüte.

BÜGELWÄSCHE

Bügelwäsche wird schnell und gleichmäßig angefeuchtet, wenn Sie die Wäsche mit warmem, statt mit kaltem Wasser besprengen.

Cordhosen

Cordhosen sollten Sie vor dem Waschen auf die linke Seite ziehen. So bekommen Ihre Hosen keine Knickstellen und werden nicht so schnell abgerieben.

Dauerfalte

Wenn man Hosenbeine oder einen Vorhang verlängert, bleibt die alte Falte als hässlicher Einschnitt im Stoff zurück. Legt man den Stoff kurz in Essigwasser (Mischverhältnis 1:1), lässt sich die Dauerfalte mühelos wegbügeln!

Entfärber

Wenn sich beim Waschen nicht farbechte Textilien verfärbt haben, weicht man sie in frischer Milch ein und lässt sie darin so lange liegen, bis die Milch sauer und dick geworden ist. Dann spült man sie gut mit kaltem Wasser aus.

Faltenrock

Um einen Faltenrock leichter bügeln zu können, heftet man die Falten vor dem Waschen zusammen.

Farbechtheit bei Textilien

Farbechtheit bei Textilien prüft man, indem man am Saum oder an der Naht den Stoff mit starker Seifenlauge wäscht und zwischen einem weißen Tuch oder Krepppapier ausdrückt. Wenn der Stoff nicht farbecht sein sollte, dann werden Stoff und Papier verfärbt.

Färben

Farben mit Umweltzeichen

Vermeiden Sie, soweit wie nur irgend möglich, Farben mit giftigen Inhaltsstoffen. Versuchen Sie es immer zuerst mit Farben, die das Umweltzeichen aufgedruckt haben. Beim Verarbeiten von Farben mit giftigen Inhaltsstoffen sollten Sie unbedingt die Vorsichtsmaßregeln beachten.

Färben in der Waschmaschine

Nach dem Färben in der Waschmaschine wäscht man am besten zuerst in einem Waschgang einige ältere Kleidungsstücke, z. B. alte dunkle Strümpfe. Dies reinigt die Maschine besser als ein Leerwaschgang.

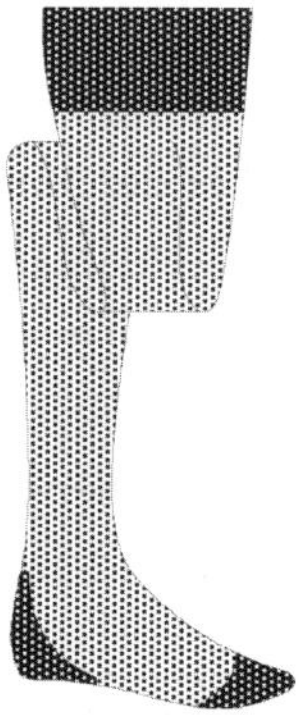

Feinstrumpfhosen und -strümpfe

Feinstrumpfhosen und -strümpfe halten länger, wenn man nach dem Waschen in den letzten Spülgang ein Stück Zucker gibt.

Fensterleder

Fensterleder werden wieder weich und geschmeidig, wenn Sie sie in einer Kernseifenlösung gründlich spülen. Anschließend in starker Salzlösung durchdrücken, auswringen und trocknen lassen.

Filzhüte

Filzhüte werden wieder wie neu, wenn Sie sie über heißen Wasserdampf halten und mit einer weichen Bürste abbürsten.

Flicken, aufgebügelte

Aufgebügelte Flicken halten länger an einem Kleidungsstück, wenn Sie den Flicken vor dem Aufbügeln in kaltem Salzwasser waschen.

Formbetttücher

Glatt-Betttücher können Sie durch vier kleine Nähte so ändern, dass sie faltenfrei über der Matratze gespannt sind und ein schnelles, müheloses Bettenmachen ermöglichen. Legen Sie das Betttuch glatt auf die Matratze, und zwar so, dass es an allen Stellen gleichmäßig übersteht. Schlagen Sie dann Kopf- und Fußende um und nähen den Umschlag seitlich mit doppelter Steppnaht neben der Längskante fest.

Fransen

Fransen an Tüchern, Decken usw. reißen nicht aus, wenn man mit der Nähmaschine den Stoff am Übergang zu den Fransen 2-mal absteppt (am besten mit Zickzackstich).

Frottierwäsche

FROTTIERWÄSCHE NICHT BÜGELN ODER MANGELN

Frottierwäsche sollte nicht gebügelt oder gemangelt werden, denn die zusammengedrückten Schlingen vermindern die Saugfähigkeit.

FROTTIERWÄSCHE TROCKNEN

Frottierwäsche sollte nicht auf der Heizung trocknen, weil das Material sonst hart wird. Sie wird besonders weich und flauschig, wenn sie im Tumbler getrocknet wird. Durch die Lufteinwirkung und Bewegung entsteht keine Trockenstarre. Man kann dabei sogar den Weichspüler sparen.

FROTTIERWÄSCHE-FÄDEN

Fäden, die aus der Frottierwäsche heraushängen, nicht herausziehen, sondern abschneiden.

FROTTIERWÄSCHE, NEUE BUNTE

Neue bunte Frottierwäsche sollte getrennt die ersten beiden Male bei 60 °C gewaschen werden.

Gardinen

Gardinen, die von Zigarettenrauch usw. gelb geworden sind, legt man über Nacht in lauwarmes Salzwasser, bevor man sie wie gewöhnlich wäscht.

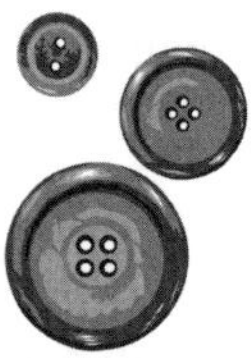

Hemdenknöpfe, verfärbte

Verfärbte Hemdenknöpfe sind nicht gleich ein Grund, das Hemd wegzuwerfen. Legen Sie ein Stück Plastikfolie hinter den Knopf und reiben ihn fest mit einem Radiergummi ab.

Holunderbeerflecken

Holunderbeerflecken in Textilien werden mit Wasserstoffsuperoxid behandelt. Gut nachspülen. Vorher die Textilien auf Farbechtheit prüfen.

Holzknöpfe

Vor der Wäsche in kleine Stückchen Alufolie fest einwickeln.

Imprägnieren

Imprägnieren von Textilien geht umweltfreundlich und einfach, indem Sie eine Tasse voll essigsaurer Tonerde in das letzte Spülwasser geben.

Jeans

JEANS, DURCHGESCHEUERTE

Jeans, die an den Knien durchgescheuert sind, bekommen Flicken aus den Gesäßtaschen alter, abgelegter Jeans. Da die Kanten schon fertig umgenäht sind, brauchen Sie die Flicken nur noch aufnähen.

JEANS BLEICHEN

Jeans bleichen aus, wenn man der heißen Seifenlauge etwas Entfarber beigibt.

Kaugummiflecke

Kaugummiflecke lassen sich aus Kleidungsstücken leicht entfernen, wenn man diese (in einer Plastiktüte) im Gefrierfach erkalten lässt. Kaugummi löst sich auch, wenn man die Textilien in Essigessenz einweicht. Man kann die Kaugummiflecken auch mit Benzol ausreiben und die verbleibenden Fettflecken mit Seifenwasser und Soda auswaschen.

Kernseife

Kernseife eignet sich bestens als Vollwaschmittel. Sie ist preiswert und schont Wäsche und Umwelt. Man reibt ein großes Stück Kernseife auf einer gewöhnlichen Küchenreibe und löst sie danach in heißem Wasser auf. Nach dem Erkalten wird die Masse wieder dickflüssig bis fest. Für eine Waschmaschinenfüllung benötigt man etwa die Menge eines üblichen Waschmittelmessbechers.

Kinderkleidung wächst mit

- Rocksäume. Wenn man Röcke verlängern muss, kann man den Saum herauslassen und die Kante mit einem „falschen Saum" besetzen. Alte Saumbrüche kann man unter Litzen, bunten Zierstichen oder Borten verstecken. Man kann den Rockrand auch mit einer andersfarbigen Blende mit Rüschen oder Volants verlängern.
- Hosen wachsen durch breite Strickbündchen an den Beinen und durch eine breite Strickpasse am Taillenrand um 1–2 Größen mit.
- Hosen werden weiter, wenn man seitlich Streifen (z. B. Kunstleder, farbige Tressen) dazwischensetzt oder die Nähte auftrennt, kantig (mit unterlegtem Band) aneinandersteppt und auf die Naht und Nahtbrüche (die jetzt sichtbar werden) Bänder setzt.
- Ärmel werden durch eingesetzte Blenden und Strickbündchen länger. Durch längs eingesetzte Blenden werden sie weiter.
- Oberteile lassen sich auch durch Quer- und Längsblenden verlängern und verbreitern. Man kann aber auch andersfarbige Schulterpassen und Faltenpartien (und evtl. Kragen und Bündchen) auf- und einsetzen.
- In der Taille kann man Kindersachen oft erweitern, indem man Falten und Smokpartien auftrennt.
- Beim Kinderkleidereinkauf sollte man immer darauf achten, dass genug Nähte usw. zum Herauslassen vorhanden

sind. Beachten Sie auch, dass die Textilien bei der ersten Wäsche noch einlaufen können.

- Wenn Sie Kinderkleidung selbst nähen, sollten Sie möglichst viel Quer- und Längsnaht zugeben. Außerdem kann man viele Fältchen, Biesen und breite Umschläge einbauen, die man nach und nach herauslässt. Heben Sie auch Stoffreste, übrige Knöpfe und Zutaten auf.

Kinderschuhe

Kinderschuhe, die abgestoßen sind, raut man vorsichtig mit Schmirgelpapier auf und reibt sie dann mit farbiger Schuhcreme ein oder bepinselt sie vorsichtig mit passender Schuhfarbe.

Kleiderbügel, stabile

Stabile Kleiderbügel für schwere Mäntel können Sie sich schnell selbst basteln. Umwickeln Sie zwei Drahtbügel (gibt's bei Reinigungen) mit Klebeband und fertig ist Ihr Kleiderbügel.

Kleiderstangen

Kleiderstangen aus Holz eignen sich hervorragend, um in Ihrem Schrank Ordnung zu halten. Schnitzen Sie einfach kleine Kerben im Abstand von jeweils etwa 3 cm in die Stange. Die Bügel halten dann gut und Ihre Kleider können nicht mehr verknittern.

Knicke

Knicke in glatten Wäschestücken können Sie vermeiden, indem Sie über die Wäscheleine Papprollen (von Papierhandtüchern) ziehen. Die Rollen müssen Sie aber mit Plastikfolie überziehen, denn Pappe kann leicht Flecken auf den Kleidungsstücken hinterlassen.

Knöpfe

Knöpfe annähen

Knöpfe werden haltbarer angenäht, wenn Sie zwischen Knopf und Kleidungsstück ein kleines Stoffstück legen und mit annähen.

Knöpfe aufheben

Restknöpfe hebt man im Nähkasten am besten auf einen Faden gereiht auf. Binden Sie den Faden mit einer Schleife zu, und nehmen Sie so dünnes Material, dass es sich leicht durch alle Knopflöcher ziehen lässt. So kann man die Knopfkette an jedem beliebigen Knopf aufmachen und hat sofort den richtigen Knopf parat.

Knopflöcher

Knopflöcher, die ausfransen, kann man wieder haltbar machen, wenn man sie mit Alleskleber oder mit farblosem Nagellack betupft.

Kochwäsche

Waschen Sie weiße und farbige Kochwäsche möglichst immer getrennt! Es kann sonst zu Vergrauung der weißen Wäsche kommen.

Kognakflecken

Kognakflecken entfernt man aus Wolle oder Seide mit etwas erwärmtem Alkohol.

Kragen

Kragen bügeln

Kragen bekommen beim Bügeln keine hässlichen Fältchen mehr, wenn Sie sie von der Kragenspitze zur Kragenmitte hin bügeln. Nicht umgekehrt!

Kragen säubern

Kragen verschmutzen besonders leicht. Um sie wieder richtig sauber zu bekommen, schmieren Sie die Hemd- oder Blusenkragen, bevor die Kleidungsstücke in die Waschmaschine gegeben werden, einfach mit Haarshampoo ein.

Kragen und Manschetten, weisse

Weiße Kragen und Manschetten an farbigen Kleidern und Blusen: Wenn der Kragen nicht mehr ganz einwandfrei ist, bevor das ganze Kleidungsstück gewaschen oder gereinigt werden muss, kann man ihn mit heißem Natronwasser abbürsten. Danach mit einem trockenen weißen Baumwolltuch nachreiben, auf dem Bügel trocknen und wenn nötig bügeln.

Kräutersäckchen

Kräutersäckchen mit Lavendel, Anis, Steinklee, Myrte, Walnussblättern und Tabak im Kleiderschrank ausgelegt, geben den Textilien nicht nur einen angenehmen Geruch, sondern halten auch Motten ab.

Kugelschreiberflecken

Kugelschreiberflecken auf Textilien mit 90%igem Alkohol entfernen.

Lackfarbenflecken

Lackfarbenflecken auf Stoffen reibt man mit reinem Terpentin aus. Man kann die Flecken auch mit Lackverdünner anlösen und abtupfen. Danach in einer Seifenlauge auswaschen.

Lacklederschuhe

Lacklederschuhe glänzen wieder wie neu, wenn Sie sie mit Vaseline einreiben. Oder mit einer Zwiebelscheibe und danach mit einem weichen Lappen polieren.

Lacklederttaschen

Sind Lacklederttaschen stumpf und unansehnlich geworden, reibt man das Leder einfach mit dem Inneren einer Bananenschale fest ein. Anschließend poliert man die Tasche mit einem sauberen, fusselfreien Tuch gründlich ab.

Lackschuhe

Lackschuhe, die mit Rizinusöl eingerieben werden, bleiben länger geschmeidig und brechen nicht.

Laufmaschen

Laufmaschen sind sehr ärgerlich. Ein kleiner Tupfer farbloser Nagellack gebietet ihnen Einhalt!

Leder

LEDERHANDSCHUHE

Lederhandschuhe waschen Sie am besten mit einem milden Haarshampoo, das Lanolin enthält. So bleiben dem Leder seine natürlichen Fette erhalten.

LEDER NÄHEN

Leder mit der Maschine zu nähen, ist relativ einfach, wenn man ein Stückchen Folie ganz fest unter das Füßchen der Nähmaschine klebt.

LEDERSACHEN

Ledersachen werden beim Waschen nicht hart, wenn man etwas Rizinusöl ins Spülwasser gibt.

LEDERSCHUHE

Lederschuhe, die mit Rizinusöl eingerieben werden, bleiben länger geschmeidig und brechen nicht.

Leinen

Leinen kann man bleichen, wenn man es in Wasser spült, dem man je Liter Wasser 1 EL Weinstein zugegeben hat.

Meerwasser

Badet man mit einer Badekappe in Meerwasser, empfiehlt es sich, nach dem Baden die Haube mit Süßwasser abzuspülen. Salzwasser macht das Gummi brüchig.

Milchflecken

Milchflecken an Kleidungsstücken oder in Tischdecken lassen sich am einfachsten und besten mit kaltem Wasser auswaschen.

Mohairpullis

Mohairpullis werden wieder flauschig und weich, wenn Sie sie über Nacht in das Tiefkühlfach legen.

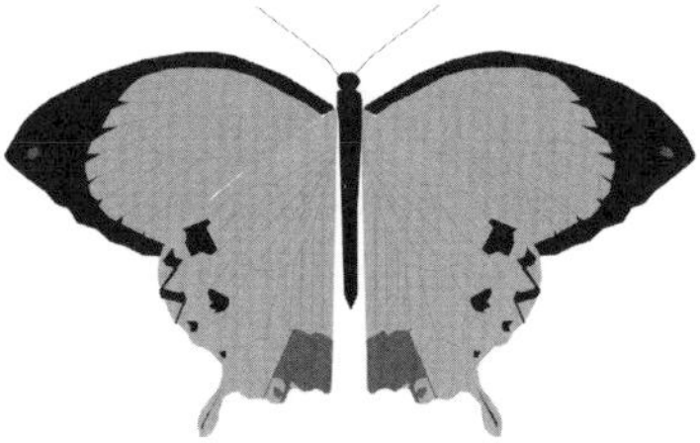

Motten

ZEITUNGSPAPIER GEGEN MOTTEN

Motten mögen keine Druckerschwärze. Wickeln Sie die Textilien und Pelze zur Aufbewahrung im Sommer mit Zeitungspapier ein. Zeitungen, die man unter den Teppich legt, halten ebenfalls Motten ab.

KRÄUTERSÄCKCHEN GEGEN MOTTEN

Ein gutes und einfaches Mittel gegen Mottenbefall sind kleine Kräutersäckchen.

Nähte, geplatzte

Nähte, die geplatzt sind und an die man mit der Nähmaschine nicht so gut herankommt, näht man von links mit feinen überwendlichen Stichen aneinander. Dann die Naht ausbügeln, evtl. mit der Bürste überstreichen.

Nessel

Nessel wird nach jeder Wäsche weißer. Man kann das beschleunigen, wenn man den Nessel in Wasser spült, dem man pro Liter Wasser 1 EL Weinstein zugegeben hat. Man kann den Nessel auch in dieser Lösung über Nacht einweichen. Soll der Nessel écrue (ungebleicht) bleiben, fügt man dem Spülwasser etwas Tee zu.

Obstflecken

Obstflecken mit Essigessenz oder Zitronensaft beträufeln und mit lauwarmem Seifenwasser auswaschen. Kochwäsche kann man mit kochendem Wasser übergießen und dabei die Flecken ausspülen.

Ölfarbenflecken

Ölfarbenflecken auf Textilien. Wenn sie noch frisch sind, kann man sie durch Betupfen mit Benzin entfernen.

Parfümflecken

Parfümflecken kann man mit verdünntem Salmiakgeist entfernen. Achtung bei Acetatstoffen! Parfüm härtet diesen Stoff, der Fleck ist nicht mehr zu entfernen.

Pelze

Pelze, nasse

Nasse Pelze nicht an warmen Öfen oder Heizkörpern trocknen, da sie sonst hart und brüchig werden. Das Fell möglichst langsam trocknen lassen und mit einer Bürste wieder glatt streichen.

Pelze und Motten

Pelze schützt man vor Motten, indem man gemahlene Pfefferkörner in den Pelz streut.

Perlmuttknöpfe

Perlmuttknöpfe sehen wieder wie neu aus, wenn Sie sie von Zeit zu Zeit mit farblosem Nagellack überpinseln.

Plastikstoff

Plastikstoff näht sich leicht auf der Nähmaschine, wenn Sie bei der Naht Seidenpapier mitnähen. Dadurch kann das Nähmaschinenfüßchen besser gleiten. Auch Öl, das auf die vorgesehene Nahtlinie getupft wird, garantiert eine glatte Naht.

Pullover

Pulloverbündchen

Pulloverbündchen leiern sehr schnell aus. Kurz in heißes Wasser getaucht (aber nur die Bündchen), bekommen sie ihre alte Form zurück.

Pullover, selbst gestrickte

Zum Zusammenheften statt Stecknadeln Lockenwicklernadeln aus Plastik verwenden.

Pullover, weisse

Weiße Pullover dürfen nie im prallen Sonnenlicht zum Trocknen aufgehängt werden, da sie sonst vergilben.

Reißverschlüsse

Reissverschlüsse in der Waschmaschine

Reißverschlüsse immer schließen, bevor Sie das Wäschestück waschen. So lässt sich der Reißverschluss auch nach der Wäsche leicht auf- und zumachen.

REISSVERSCHLÜSSE, KLEMMENDE

Klemmende Reißverschlüsse mit etwas Seife einreiben.

Samt

Samt reinigen Sie am besten, indem Sie mit einem anderen Stück Samt das zu reinigende gegen den Strich abreiben.

Satin

Satin wäscht sich besser und wird glänzender, wenn man dem Wasser etwas Borax beigibt.

Schneeränder

Schneeränder auf Lederschuhen verschwinden, wenn Sie die Ränder mehrmals mit Vollmilch abreiben.

Schokoladenflecken

Schokoladenflecken kratzt man vorsichtig mit dem Messer ab. Anschließend wäscht man den Rest mit einer lauwarmen Waschmittellauge aus.

Schuhe

SCHUHBÄNDER

Schuhbänder, die in die Waschmaschine gegeben werden, gehen leicht verloren. Befestigen Sie sie mit einer Sicherheitsnadel an einem anderen Wäschestück.

Schuhe, innen

Schuhe bleiben innen schöner und frischer, wenn man sie ab und zu mit einem in Salmiakgeist getauchten Wattebausch abreibt. Zum Schluss kann man die Schuhe innen mit etwas Talkpuder (Babypuder oder dergleichen) bestreuen.

Schuhe, zu enge

Schuhe, die zu eng sind, kann man weiten, wenn man vor dem Anziehen etwas Brennspiritus hineingießt. Möglichst kein Wasser dazu nehmen, da das Oberleder sonst hart und brüchig wird.

Schuhe und Stiefel, nasse

Schuhe werden nicht hart, wenn man sie vor dem Trocknen mit Sattelfett einreibt. Dann mit Zeitungspapier ausstopfen und trocknen lassen (nicht neben der Heizung). Nasse Schuhe und Stiefel auf Leisten spannen oder mit Seidenpapier oder Zeitungspapier ausstopfen.

Schuhe, verschmutzte

Verschmutzte Schuhe reinigt man mit Kernseifenschaum und spült sie nachher mit klarem Wasser ab. Es ist wichtig, das Leder hiernach schonend zu trocknen (nicht in Ofen- oder Heizungsnähe), indem man die Schuhe mit Zeitungspapier oder Toilettenpapier ausstopft.

Schuhsohlen wasserdicht machen

Schuhsohlen werden fest und wasserdicht gemacht, wenn man sie mit Firnis bestreicht.

Schuhsohlen, glatte

Schuhsohlen, die nach dem Schuhkauf noch gefährlich glatt sind, sollten Sie kurz auf grobkörnigem Boden aufrauen, damit Sie auf glatten Böden nicht ausrutschen.

SEGELTUCHSCHUHE

Segeltuchschuhe bleiben länger schön, wenn man sie vor dem ersten Tragen und nach dem Reinigen mit Imprägniermittel einsprüht. Man kann sie auch mit Stärke besprühen, damit sie schmutzabweisend werden.

Schweißgeruch

Schweißgeruch lässt sich problemlos aus jeder Kleidung entfernen, wenn Sie das Kleidungsstück vor dem Waschen kurz in Essig legen.

Seidenstrümpfe und Strumpfhosen

Seidenstrümpfe und Strumpfhosen halten besser, wenn sie vor dem Tragen 1-mal eingefroren wurden. Die nasse Strumpfhose in einer Plastiktüte ins Gefrierfach legen. Im Waschbecken wird sie in warmem Wasser aufgetaut und zum Trocknen aufgehängt.

Sitzstellen, glänzende

Glänzende Sitzstellen an dunklen Hosen oder Röcken sehen hässlich aus. Reiben Sie die Flecken mit Essig ein.

Spinatflecken

Spinatflecken reibt man aus Textilien mit rohen Kartoffelscheiben aus und wäscht mit Seifenwasser nach.

Spültücher

Spültücher sollten Sie immer in heißem Sodawasser auswaschen, da Soda eine stark desinfizierende Wirkung hat.

Stiefelschäfte

Stiefelschäfte bleiben länger glatt und fest, wenn die Stiefel hängend, z. B. an einem Kleiderbügel mit Kammern, aufbewahrt werden.

Stockflecken

STOCKFLECKEN IN DER WÄSCHE

Stockflecken in der Wäsche reibt man mit Salz und Salmiak aus und spült dann in klarem Wasser.

STOCKFLECKEN AUF LEDER

Stockflecken auf Leder bearbeitet man mit einem Schwamm und einer Wasser-Spiritus-Mischung (1:1).

Stoffe, versengte

Reiben Sie die Textilien mit Wasserstoffsuperoxid (3–10 %) ein und legen Sie dann das versengte Stück in die Sonne. Oder legen Sie ein in 3%iges Wasserstoffsuperoxid getauchtes Baumwolltuch auf die versengte Stelle und bügeln Sie darüber.

Strickjackenknöpfe

Strickjackenknöpfe haben einen besseren Halt und reißen nicht so schnell aus, wenn man auf der Jackeninnenseite einfach an jeden Knopf einen Gegenknopf näht. Dazu muss man natürlich nicht dieselben Knöpfe wie auf der Vorderseite verwenden. Nur sollte man auf die gleiche Knopfgröße achten.

Strümpfe und Strumpfhosen

Strümpfe und Strumpfhosen kann man in der Waschmaschine waschen, wenn man sie in ein Kopfkissen gibt.

Tabak

Tabak im Kleider- oder Wäscheschrank vertreibt Motten und gibt den Textilien eine „männliche Duftnote".

Textilien, wattierte

Wattierte Textilien werden nach dem Waschen wieder locker und weich, wenn man sie gut durchgespült etwa 20 Minuten in Salzwasser legt. Nicht trocken schleudern, sondern auf einem Bügel aufhängen!

Tintenflecken

Tintenflecken aus Textilien kann man entfernen, wenn man die Teile in Buttermilch, Sauermilch, Essig oder Zitronensaft einweicht. Danach gut auswaschen.

Tischdecken, fleckige

Fleckige Tischdecken werden wieder sauber, wenn Sie die Decke in warmes Wasser legen; eine halbe Tasse Wasserenthärter dazugeben. Über Nacht ziehen lassen und wie gewohnt waschen.

T-Shirts

T-Shirts sollten Sie vor dem Aufhängen auf die Leine kurz in Längsrichtung strecken, damit sie ihre Form behalten.

Wachsflecken

Wachsflecken bügeln Sie mit Haushalts- oder Toilettenpapier, das Sie auf den Fleck legen, vorsichtig heraus. Zum Schluss etwas Reinigungsbenzin verwenden.

Wachstuch

Wachstuch hält länger und bleibt geschmeidig und schön, wenn es öfter mal mit Milch abgerieben wird.

Walnussblätter

Walnussblätter eignen sich sehr gut für Mottenschutz im Kleiderschrank. Aber Vorsicht! Diese Blätter dürfen nicht direkt mit den Kleidungsstücken in Berührung kommen, da sie sonst auf den Stoffen Flecken hinterlassen.

Wäsche

Wäsche, farbige

Farbige Wäsche sollte möglichst nur im Schatten aufgehängt werden, damit die Farben nicht ausbleichen.

Wäsche, frisch gebügelte

Wäsche, die frisch gebügelt ist, sollte nicht gleich zusammengelegt und in den Schrank oder Koffer eingeordnet werden, da durch die feuchte Bügelwärme sehr leicht Knickfalten entstehen können.

Wäsche, gefrorene

Gefrorene Wäsche nie im gefrorenen Zustand von der Leine nehmen, da das Stoffgewebe sonst brechen kann.

Waschecht

Waschecht kann man Stoffe machen, wenn man sie über Nacht in Milch legt und am folgenden Tag gründlich auswäscht.

Wäsche trocknen mit dem Haarföhn

Wäsche, die z. B. zu einer Party schnell trocknen muss, kann man ruhig mal mit dem Föhn trocknen. Das schadet den Textilien weniger, als wenn man sie trocken bügelt.

Wäsche, weisse

Weiße Wäsche wird schön weiß, wenn man dem Waschmittel ein Päckchen Backpulver beigibt. Auch für die Waschmaschine geeignet.

Wäschetrockner

Wäschetrockner dürfen nie zu heiß eingestellt werden. Beachten Sie unbedingt die Temperaturvorgaben, die für das Waschen und Bügeln auf den Pflegesymbolen gegeben sind, sonst besteht die Gefahr, dass vorschriftsmäßig gewaschene Textilien beim Wäschetrocknen einlaufen.

Waschmaschinenfüllmenge

Wenn man die Wäsche vor dem Füllen mit einer Personenwaage wiegt, hat man eine Vorstellung, welche Wäschemenge in kg die Füllmenge ungefähr ausmacht.

Waschpulver

Das Waschmittel gibt man am besten direkt in die Waschmaschinentrommel. So wird vermieden, dass Reste im Einspülsystem zurückbleiben.

Waschvorbereitungen

Vor dem Waschen sollte man die Taschen an Kleidungsstücken umstülpen, Reißverschlüsse schließen, Kragenränder mit Spezialmitteln (Schmierseife oder Shampoo) einreiben. Empfindliche Knöpfe abtrennen und hartnäckige Flecken vorbehandeln. Bettbezüge und Kopfkissen wenden, Nähte und vor allem die Ecken ausbürsten. Wollsachen stopft man vor dem Waschen, da sich die Wolle dann durch leichtes Verfilzen und Verfärben gut angleicht. Will man Säume von Röcken, Kleidern oder Hosen verlängern, sollte man vor dem Waschen die Säume auftrennen und Stoßkanten entfernen, damit die alten Brüche glatt werden.

Wildleder

Flecken auf Wildleder mit sehr feinem Schleifpapier abreiben.

Wolldecken

Wolldecken brauchen eine spezielle Pflege. Man sollte sie nur lauwarm waschen und auf keinen Fall schleudern. Anschließend tropfnass diagonal aufhängen. Nach dem Trocknen kann man die Deckenoberfläche mit einer weichen Haarbürste wieder auflockern.

Wolle

Wolle aus alten, aufgetrennten Pullis wird wieder glatt, wenn Sie sie über Nacht um eine Flasche, gefüllt mit heißem Wasser, wickeln.

Wollfäden

Wollfäden verfilzen beim Stricken mehrfarbiger Pullis nicht, wenn Sie die Fäden durch Trinkhalme ziehen.

Wollsachen

Wollsachen, kratzende

Kratzende Wollsachen legt man vor dem Tragen in einer Plastiktüte in die Gefriertruhe.

Wollsachen trocknen

Wollsachen behalten ihre Form, wenn sie nach dem Waschen nicht aufgehängt, sondern auf einem Tuch (z. B. Badetuch) ausgebreitet werden.

Wollsachen, hart gewordene

Wollsachen, die hart geworden sind, kann man manchmal retten, wenn man sie mit mildem Haarshampoo wäscht.

Wollsachen waschen

Wollsachen laufen nicht ein, wenn dem Waschwasser Glyzerin, Borax oder verdünnter Salmiakgeist zugegeben wird. Sie dürfen natürlich trotzdem nicht zu heiß gewaschen werden.

Wollsachen, verfilzte

Wollsachen verfilzen nicht so leicht, wenn man dem Spülwasser einen Schuss Glyzerin beigibt.

Wollsachen, verfilzte und eingelaufene

Verfilzte und eingelaufene Wollsachen nicht wegwerfen, sondern mit dem Dampfbügeleisen (auf höchste Stufe gestellt) wieder in Form ziehen. Die Wolle wird in den meisten Fällen wieder glatt und großmaschig (sie „wächst“) und fühlt sich wunderbar seidig an.

Garten & Pflanzen

Amaryllen

Amaryllen halten in der Blumenvase länger, wenn Sie das Stielende mit durchsichtigem Klebeband umwickeln.

Ameisen an Bäumen

Ameisen hält man von Bäumen fern, indem man einen Leimring um den Stamm legt oder mit Schlämmkreide das untere Ende des Stammes bemalt.

Blattläuse

Blattläufe bekämpfen

Blattpflanzen, die stark von Läusen befallen sind, übersprüht man mit einer Lösung aus Wasser und Spülmittel. Die Pflanzen vertragen diese „Rosskur“ gut, wenn dabei kein Wasser an die Wurzeln kommt. Schneiden Sie deshalb einen Pappteller ein, und stecken Sie ihn über den Blumentopf so, dass die Erde abgedeckt ist. Danach gut nachspülen.

BLATTLÄUSE AN ZIMMERPFLANZEN

Blattläuse an Zimmerpflanzen gehen ein, wenn man die Pflanzen mit einem Sud besprüht, den man aus billigem Pfeifentabak und Wasser kocht. Flüssigkeit durch ein Tuch sieben und in einen Pflanzensprüher füllen.

Blumenableger

Blumenableger kneift man am Stamm ab und stellt sie ins Wasser, bis sie Wurzeln schlagen. Man kann auch geeignete Zweige (in den Sommermonaten!) auf den Boden biegen, den Stängel triebaufwärts ein wenig einschneiden und die Schnittstellen gut mit Erde bedecken. Hat der Trieb Wurzeln bekommen, wird er vorsichtig in einen neuen Topf verpflanzt.

Blumendünger

Rußreste, Kaffeesatz, abgestandener Tee mit Teeblättern, Haarstaub aus dem Elektrorasierer, Eierschalen, Hornspäne und zerklopfte Muschelschalen sind ausgezeichnete und billige Pflanzendünger. Entweder direkt auf die Blumenerde streuen oder im Gießwasser einige Tage stehen lassen.

Blumen gießen

Blumengießen während des Urlaubs ist 3–4 Wochen lang nicht nötig, wenn Sie in einem Wassereimer befeuchtete Stoffstreifen befestigen und diese zu den einzelnen tiefer stehenden Blumentöpfen führen. Der Stoff saugt Wasser an und gibt es dann an die Blumenerde weiter.

Blumenigel

Blumenigel sind sehr nützliche Helfer für eigene Blumengestecke. Statt eines gekauften Blumenigels können Sie eine halbierte Kartoffel verwenden. Bei stärkeren Stängeln evtl. die Löcher mit einem Streichholz vorbohren.

Blumenknospen

Blumenknospen öffnen sich schneller, wenn Sie die Blumen in warmes Wasser stellen.

Blumenstiele, umgeknickte

Blumenstiele, die umgeknickt sind, lassen sich wieder aufstellen und halten noch eine ganze Weile, wenn Sie die geknickte Stelle mit durchsichtigem Klebeband umwickeln.

Blumentöpfe

Blumentöpfe aus Ton

Blumentöpfe aus Ton erhalten durch das Gießwasser oft hässliche weiße Kalkflecken. Sie können sie einfach entfernen, indem Sie den Topf mit etwas Essig oder Essigessenz abreiben.

Blumentöpfe sichern

Blumentöpfe auf Fensterbrettern und Balkongeländern müssen unbedingt gesichert werden. Lassen Sie sich vom Schlosser ein Schutzgitter anbringen, oder befestigen Sie die

Blumenkästen mit Haken und Ösen oder einer Holzleiste und die Blumentöpfe mit starkem Draht.

Blumenvasen, verschmutzte

Verschmutzte Blumenvasen, in die man wegen der Enge des Halses nicht hineinreicht, können gesäubert werden, wenn man eines der gebräuchlichen selbsttätigen Gebissreinigungsmittel über Nacht einwirken lässt.

Brennnesseln

Brennnesseln neben Rosen

Brennnesseln, die sich neben Ihren Rosenstauden angesiedelt haben, nicht entfernen. Dieses sogenannte Unkraut verhindert wirksam, dass Ihre Rosen von Läusen befallen werden.

Brennnesselsud

Brennnesselsud wirkt gegen Blattläuse, Milbenbefall und andere Schädlinge. Er kostet nichts und ersetzt umweltschädliche Pflanzengifte.

Chrysanthemen, welke

Welke Chrysanthemen stellen Sie kurz in kochendes Wasser, anschließend gleich wieder in kaltes; die Stiele mit einem Streichholz abbrennen. So verlängern Sie das Leben Ihres Blumenstraußes.

Dahlien

Diese Herbstblumen sind kälte- und frostempfindlich und müssen daher im Winter aus der Erde genommen werden. Dazu sticht man die Dahlienknollen mit einem Spaten aus der

Erde, schüttelt gut die Erde ab und schneidet die alten Triebe weg. Man bewahrt Dahlien im Winter in einer mit Torf gefüllten Kiste auf. Dabei muss man darauf achten, dass die Knollen wirklich trocken sind, da sonst Schimmelgefahr besteht.

Dill

Dill säen

Im Gemüsebeet verträgt sich Dill sehr gut mit Erbsen, Gurken, Kopfsalat, allen Kohlgewächsen, Möhren, Feldsalat, Roter Bete, Spargel und Zwiebeln.

Dillkräuter

Dillkräuter wachsen nur sehr mäßig, wenn sie in die Nähe von Fenchelpflanzen gesetzt werden!

Efeublätter, klebrige

Klebrige Efeublätter deuten auf Nährstoffmangel hin! Die Pflanze muss dann entweder gedüngt oder in neue Erde gepflanzt werden.

Farn

Farntopfpflanzen

Farntopfpflanzen düngt man alle 2 Wochen mit verdünntem schwarzen Tee.

Farnwuchs, buschiger

Damit die Farnpflanze schön gleichmäßig buschig wächst, muss man sie ab und zu nach dem Licht drehen.

Gartengeräte

Gartengeräte rosten nicht, wenn Sie sie vorsorglich dünn entweder mit flüssigem Wachs oder einem Stück ausgelassenen Speck einreiben.

Gartenmauer

Sehr dekorativ und umweltfreundlich wird eine Gartenmauer aus größeren Natursteinen! Diese Mauer, besonders wenn sie nach Süden gerichtet ist, wird gerne von Insekten und Eidechsen besucht.

Gartenstiefel

Man wählt sie lieber eine Nummer größer, damit man bei Kälte ein Paar dicke Socken zusätzlich anziehen kann.

Gerbera

Gerbera sind ein sehr edler Schmuck in Ihrer Vase. Um länger an diesen Blumen Freude zu haben, sollten Sie darauf achten, dass die Vase immer nur zu ⅓ mit Wasser gefüllt ist.

Gießwasser

Gießwasser für Topfpflanzen ist oft zu hart. Hängen Sie deshalb einen mit Torf gefüllten Stoffbeutel in Ihre Gießkanne und das Gießwasser wird weich. Für 10 l Gießwasser benötigen Sie 50 g Torf.

Holzblumenkästen

Holzblumenkästen halten länger, wenn Sie die Außenseite mit Leinöl anstreichen.

Johannisbeeren

Johannisbeeren bieten eine reiche Ernte, wenn sie stets mit abgestandenem Wasser gegossen werden.

Kakteen gießen

Kakteen erhalten ihr Wasser durch Besprühen mit einer Blumenspritze.

Kakteen-Schonzeiten

Im Winter hört man mit dem Gießen der Kakteen auf und beginnt erst wieder im Frühjahr. Kakteenstandplätze sollten ruhig sonnig sein. Die Pflanzen dürfen nicht umgestellt werden!

Katzen

Katzen scharren nicht mehr in Ihren Blumentöpfen, wenn Sie auf die Erde große Kieselsteine legen. Sieht auch sehr dekorativ aus!

Keimlinge

Keimlinge, geeignete

Gut eignen sich: Kresse, Weizen, Roggen, Rettich, Senf, Luzerne, Mais, Bockshornklee, ungeschälte Hirse und geschälte Sonnenblumenkerne.

KEIMLINGE, UNGEEIGNETE

Nicht geeignet sind: Grünkern, geschälte Hirse, geschälte Linsen und geschälter Sesam.

Kirschbaum

Regelmäßig mit Hornspänen oder Kornmehl gedüngt, wachsen Kirschbäume üppig!

Kristallvasen

Kristallvasen erhalten ihren schönen Glanz wieder zurück, wenn man eine Lösung aus Essig, Kaffeesatz und Wasser einfüllt, einige Zeit stehen lässt und danach mit Wasser spült.

Malerbürste, alte

Alte Malerbürsten eignen sich hervorragend, um im Garten frisch gesäten Samen mit Erde zu bedecken. Zum einen ermöglicht die Bürste ein gezieltes Arbeiten, zum anderen spart man durch die Pinselfläche kostbare Zeit!

Mehltau

Mehltau auf Zimmerpflanzen verschwindet, wenn man die erkrankten Pflanzen mit einer leichten Salzwasserlösung (ca. 100 g in einer 5-l-Kanne) begießt.

Nachsaaten

NACHSAATEN, NICHT WINTERHARTE

Nicht winterharte Nachsaaten sind: Ölrettich, Senf, Lupine, Erbsen. Man gräbt die Pflanzen als biologischen Dünger einfach in die Erde ein.

NACHSAATEN, WINTERHARTE

Winterharte Nachsaaten sind: Winterwicke, Winterraps, Winterrüben, Winterroggen. Man gräbt die Pflanzen als biologischen Dünger einfach in die Erde ein.

Nachtschattengewächse

Nachtschattengewächse halten Fliegen ab. Stellen Sie die Pflanzen ans Fenster als Schnittblumen oder im Blumentopf.

Obstbäume

OBSTBAUMPFLEGE

Damit Obstbäume reichlich Früchte tragen, benötigen sie regelmäßig Pflege. Im Frühjahr bürstet man den Stamm mit einer Wurzelbürste fest ab. Dann streicht man den Stamm mit Weißkalk, vermischt mit Wasser und Lehm, mit einem dicken Pinsel ein.

OBSTBÄUME DÜNGEN

Obstbäume kann man mit folgendem Trick effektiver düngen. Man schlägt mit einem Pflock rund um die Wurzeln kleine Löcher in die Erde. In diese Löcher gießt man dann die Düngeflüssigkeit. Diese gelangt ohne Umwege direkt dorthin, wo sie nützlich werden kann, nämlich an die Wurzeln!

Ohrenkneifer

Die bekannten kleinen Tiere machen sich in jedem Garten sehr nützlich, denn sie fressen Blattläuse und andere Insekten, die an Pflanzen Schaden anrichten. Daher darf man sie auf keinen Fall vernichten. Und keine Bange! Die Kneifzangen am Hinterleib der Tiere sind für den Menschen völlig ungefährlich!

Orchideen

Orchideen in der Vase sollten nie in kaltem Wasser stehen. Sie halten sehr lange in lauwarmem Wasser.

Rosen

ROSEN SCHNEIDEN

Rosen darf man nicht im Herbst oder im Winter beschneiden. Denn der Frost würde die Pflanze zerstören. Erst im beginnenden Frühjahr stutzt man die Äste!

ROSENBLÄTTER, KRANKE

Man bereitet eine Kernseifenlösung zu und gießt diese mit einer Gießkanne langsam über die Blätter!

Schnittblumen

SCHNITTBLUMENKOMBINATIONEN

Schnittblumen vertragen sich nicht immer miteinander in der Vase. Lilien, Mohnblumen, Rosen und Narzissen sollte man nicht mit anderen Schnittblumen, sondern mit widerstandsfähigen Grünpflanzen wie Efeu, Tanne oder Zypressen zusammenbinden.

SCHNITTBLUMEN, HALTBARE

Schnittblumen halten länger, wenn man dem Blumenwasser eine aufgelöste Aspirintablette, eine Prise Kalisalpeter, eine Prise Salz, ein Stück Würfelzucker oder einen Pfennig beigibt.

SCHNITTBLUMEN, GELBE

Gelbe Schnittblumen halten sich länger als andersfarbige.

Teeblätter

Teeblätter eignen sich, wie Kaffeesatz, auch gut zum Düngen von Pflanzen.

Tonvasen und -blumentöpfe

Tonvasen und -blumentöpfe sollten nie ohne Untersetzer benutzt werden, da sie immer etwas Feuchtigkeit durchlassen.

Topfpflanzen

Topfpflanzen, die ausgetrocknet sind, weil Sie z. B. im Urlaub waren, stellen Sie in einen Eimer, gefüllt mit Wasser. Vollsaugen lassen, bis keine Bläschen mehr aufsteigen, und Ihre Pflanze ist gerettet.

Trockenblumen

Trockenblumen lassen sich leicht selbst präparieren, wenn man Blumenstängel etwa 10 cm tief in eine Lösung aus Wasser mit Glyzerin (2:1) stellt. Nach etwa einer Woche können Sie die Blumen wie Trockenblumen verwenden.

Trockensträuße

Trockensträuße, die schon etwas älter sind, bekommen wieder ein frisches Aussehen, wenn Sie den Strauß kurz in Spirituslack eintauchen. Anschließend trocknen lassen.

Tulpen

Tulpen halten länger in der Vase, wenn man sie abends in Zeitungspapier wickelt und an einer kühlen Stelle ins Wasser stellt. Selbst erschlaffte Blüten stehen dadurch wieder auf.

Umtopfen

Die Tontöpfe vorher in kaltes Wasser legen. Dadurch entzieht der gewässerte Ton der Pflanzenerde keine Feuchtigkeit mehr.

Ungeziefer

Ungeziefer, das sich gerne in Ihren Topfpflanzen einnistet, wird durch eine in die Topferde gesteckte Knoblauchzehe wirksam und schnell vertrieben.

Unkrautvernichtung

Wächst in Beeten sehr viel Unkraut, sollte man an den betroffenen Stellen einige Kartoffelpflanzen setzen. Diese haben durch ihren hohen Anteil an Solanin die Eigenschaft, das Wachsen des Unkrautes zu verhindern.

Urlaubsvorsorge

Blumentöpfe aus Ton können auch in der Badewanne auf feuchten Tüchern oder Ziegelsteinen, die im Wasser stehen, aufbewahrt werden. Sie versorgen sich dabei selbst mit genügend Wasser.

Vogelfutter für den Winter

Sammeln Sie im Herbst Fettstücke, Talggrieben und Schmalz im Kühlschrank. Im Winter den Talg schmelzen und mit Hanfsamen und Sonnenblumenkernen in kleine Formen gießen (sehr schön ist z. B. eine halbe Kokosnuss) und aushärten lassen. An einer Schnur aufhängen. Brot und gekochte Kartoffeln dürfen nicht gefüttert werden, da sie Nässe anziehen und gefrieren. Man kann auch Speckschwarten am Fenster aufhängen.

Vogelnistkästen

Man kann durch das Aufstellen oder Anbringen von Nistkästen im eigenen Garten einen wertvollen Beitrag zum Naturschutz leisten.

Wacholderpflanzen

Diese beliebte Pflanze stellt keinen besonderen Anspruch an ihren Standort. Nur die unmittelbare Nähe von Obstbäumen bekommt ihr nicht.

Wassertonne

Eine Wassertonne im Garten schont nicht nur den Geldbeutel, sondern bietet den Pflanzen auch eine natürliche Bewässerung.

Zimmerpflanzen

Zimmerpflanzen sollen nicht an gefrorene Scheiben kommen. Da die Scheiben die Kälte weiterleiten, können die Pflanzen eingehen.

Gesundheit & Schönheit

Abführmittel, natürliche

Bevor man zu Arzneimitteln greift, sollte man lieber mit natürlichen Mitteln versuchen, die Verdauungsprobleme zu lösen! Beispielsweise mit Bittersalz, Leinsamen, Rizinusöl, Glaubersalz und abführenden Mineralwässern.

Abreibungen

Abreibungen mit nassen, kalten Leinentüchern dienen der Kreislaufbelebung.

Alkoholgenuss

Vor dem Alkoholgenuss nimmt man am besten 1 EL Olivenöl oder einige Ölsardinen zu sich. Diese fetthaltigen Lebensmittel beugen dem Kater vor.

Ameisenlauf

Bei dieser Überempfindlichkeit der Nerven reibt man die betroffenen Körperstellen mehrmals täglich mit Essigwasser (Verhältnis 1:1) ab.

Apfelmasken

Apfelmasken eignen sich hervorragend gegen fettige Haut. Einfach einen reifen Apfel zerreiben und gleichmäßig auf Hals und Gesicht legen. Nach etwa ¼ Stunde die Apfelmaske mit viel lauwarmem Wasser abspülen.

Arzneimittel

Arzneimittel, die nicht mehr gebraucht werden, gibt man zur Vernichtung in der Apotheke ab.

Augen, müde

Müde Augen werden schnell wieder munter, wenn Sie auf die geschlossenen Augen 10 Minuten lang rohe Gurkenscheiben legen. Entspannen Sie sich dabei!

Bäder mit Essig

Bäder mit Essig helfen sehr gut gegen Müdigkeit. Die Haut wird erfrischt, wenn man sie vor dem Duschen mit Apfelessig einreibt.

Belebungsmittel, ideales

Wenn Sie eine Nacht durchtanzt haben, brauchen Sie am anderen Morgen eine Erfrischung. Geben Sie 2 Handvoll Meersalz in 1 l Wasser und waschen sich damit ab; anschließend nicht abtrocknen.

Bienenstiche

Bienenstiche in der Mundhöhle sind lebensgefährlich! Bis der Arzt eintrifft, sofort einen Eiswürfel lutschen, um die gefährliche Anschwellung zu vermeiden.

Bierhefe

Bierhefe ist eine ideale Ergänzung bei vitaminarmer Kost. Es macht die Haut klar und rein und bringt auch die Haare zum Glänzen.

Blasen

Blasen, z. B. an Händen, heilen schneller ab, wenn Sie ein mit Alkohol getränktes Tuch um die betroffene Stelle wickeln. Über Nacht einwirken lassen.

Brennnesseljucken

Brennnesseljucken verliert sich schnell, wenn Sie die betroffenen Stellen mit etwas Obstessig einreiben.

Buttermilch

Buttermilch ist ein ideales Schönheitsmittel. Die Haut wird straffer und fühlt sich weich an. Selbst kleine Fältchen verschwinden wieder.

Chrysanthemenblütentee

Chrysanthemenblütentee wird bei Erkältungskrankheiten erfolgreich eingesetzt. Für die Zubereitung benötigt man 4 Tassen Wasser und 10 g trockene Chrysanthemenblüten. Alles zusammen lässt man so lange kochen, bis die Flüssigkeit sich auf die Hälfte reduziert hat. Von diesem Tee trinkt man, je nach Bedarf, täglich mehrere Tassen, in kleinen Schlucken und möglichst heiß!

Creme (Kosmetik)

Creme hält sich länger, wenn sie im Kühlschrank aufbewahrt wird.

Eisen

Eisen, der Mineralstoff, kann sich im Körper erst dann richtig entfalten, wenn er genügend Vitamin C vorfindet. Daher muss man auch auf eine verstärkte Zufuhr von diesem Vitamin achten. Schwangere, stillende Frauen, Kleinkinder und Raucher haben einen erhöhten Eisenbedarf, den man durch gezielte Rohkost ausgleichen sollte.

Essigbäder

Essigbäder helfen sehr gut gegen Müdigkeit. Die Haut wird erfrischt, wenn man sie vor dem Duschen mit Apfelessig abreibt.

Fingernägel, brüchige

Brüchige Fingernägel werden schnell wieder fest, wenn Sie Ihre Nägel jeden Abend mit Glyzerin einreiben.

Füße, übermüdete

Vom langen Stehen auf hartem Fliesenboden werden die Füße leicht müde. Legen Sie deshalb in der Küche Matten aus oder tragen Sie angenehme weiche Schuhe. Fußbäder, z. B. mit einer Lösung aus Latschenkieferöl, Kampfer und Menthol in warmem Wasser, oder Wechselfußbäder können Linderung verschaffen.

Fußpilz

Fußpilz wird mit Fußbädern in Essigwasser gelindert.

Gänseblumen

Gänseblumen haben, als Tee zubereitet, entgiftende, harntreibende, entzündungshemmende und schleimlösende Wirkung. Für 1 Tasse Tee benötigt man 1 TL frische Blumenköpfe.

Gänsefett

Gänsefett ist ein altbewährtes Hausmittel gegen Fieber. Man streicht es Kranken (v. a. Kindern) auf die Brust.

Gelenkentzündungen

Bei Beschwerden der Gelenke sollte man täglich ein Glas Mineralwasser mit 20 TL Obstessig trinken!

Haarausfall

Man massiert echtes Klettenwurzelöl fest in die Haare, lässt das Ganze über Nacht gut einziehen und wäscht das Öl am anderen Morgen aus.

Haarbrillantine

Haarbrillantine ist wieder sehr modern geworden. Die Zubereitung ist sehr einfach: Vermischen Sie Olivenöl mit Glyzerin zu gleichen Teilen miteinander und geben Sie anschließend noch etwas Eau de Toilette dazu. Fertig

Haarbürsten

Haarbürsten lassen sich einfach reinigen. Man fährt mit einem grobzinkigen Kamm mehrere Male fest durch die Borsten und zieht so die Haare aus der Bürste.

Haar, ergrautes

Ergrautes Haar kann man durch Spülungen mit schwarzem Tee färben.

Haare färben

Natürliche Haarfärbemittel sind ungefährlich: Helle Haare werden schön blond, wenn man sie mit Kamillentee spült. Gibt man noch etwas doppeltkohlensaures Natron zu, erhält man einen herrlichen Goldton. Dunkle Haare färbt man mit einem Sud aus Walnussblättern und grünen Nussschalen. Rot werden die Haare mit Henna.

Haare

Haare, glänzende

Haare glänzen, werden weich und gut frisierbar, wenn sie nach der Wäsche mit Apfelessig gespült werden.

Haare, spröde

Leidet man unter spröden Haaren, massiert man vor dem Schlafengehen Rizinusöl in die Haare und legt ein Handtuch um den Kopf. Über Nacht einziehen lassen und morgens gut ausspülen.

Haare, weiche

Weiche Haare erhält man, wenn man nach jedem Haarewaschen die Haare mit einer Birkenblätterlotion durchspült. Für blonde Haare allerdings nicht geeignet!

Haarentfernungsmittel

Die chemischen Entfernungsmittel, die man im Handel bekommt, enthalten aggressive Chemikalien, die die Haut angreifen. Deshalb sollte man nach dem Enthaaren nie Desodorierstifte benutzen. Eine schwache Essig- oder Zitronenspülung kann die geschwollenen und aufgeweichten Hautstellen beruhigen. Mit Bimsstein abreiben oder mit Wachs entfernen ist ungefährlicher.

Haarfärbeflecken

Haarfärbeflecken auf der Haut beseitigt man, indem man einfach etwas Parfüm auf einen Wattebausch gibt und den Fleck damit wegreibt.

Haarfestiger selbst gemacht

Etwas Bier oder Hamameliswasser mit dem Wäschesprenger aufs Haar sprühen. Das Haar lässt sich prima legen und hält gut. Der Biergeruch verfliegt, bis das Haar trocken ist. Auch ein wenig Gelatine oder Zucker, in warmem Wasser aufgelöst, ist bestens geeignet.

Haargummis

Zum Abbinden eines Haarzopfes sollte man am besten nur Haargummis, die umwickelt sind, verwenden.

Haarnadelhalter

Ein preisgünstiger und zweckmäßiger Haarnadelhalter ist ein Plastik-Topfkratzer.

Haarschleifen, zerknitterte

Zerknitterte Haarschleifen lassen sich einfach und schnell glätten, indem man sie auf eine warme Glühbirne presst.

Haarzöpfe

HAARZÖPFE FLECHTEN

Vor dem Flechten feuchtet man die Haare kurz an. Man kann auch etwas Rizinusöl in die Haare kneten.

HAARZÖPFE, DICKE

Dicke Haarzöpfe werden am Ansatz eher locker, danach unter mehr Spannung geflochten. Dünne Haarzöpfe dagegen sollte man vom Ansatz bis zum Ende so straff wie möglich flechten.

Halsfalten

Halsfalten werden gemildert oder verhindert, wenn man öfter eine Ölpackung macht. Dazu wird Weizenkeimöl oder Mandelöl im Wasserbad erwärmt. Mit dem Öl tränkt man Mullstreifen und wickelt sie um den Hals. Mit einem alten Schal oder Frottierhandtuch abdecken und möglichst über Nacht einwirken lassen.

Hausapotheke

Bewahren Sie Ihre Apotheke gut verschlossen an einem kühlen und trockenen Ort (also nicht im Bad oder in der Küche) auf. Alles entnommene Material sollte sofort ersetzt werden.

Überprüfen Sie 1-mal jährlich Ihre Hausapotheke auf Vollständigkeit. Die altgewordenen Medikamente in der Apotheke zur fachgerechten Vernichtung abgeben.

Das sollte Ihre Hausapotheke enthalten:

Verbandmittel

- 1 Rolle Heftpflaster, 5 m x 2,5 cm
- verschiedene Wundschnellverbände in 4 cm, 6 cm und 8 cm Breite
- 1 Packung Verbandwatte
- 2 Verbandklammern
- 2 Mullbinden in 6 cm Breite
- 2 Mullbinden in 8 cm Breite
- 3 Verbandpäckchen (klein, mittel und groß)
- Einmalhandschuhe
- 1 Verbandschere
- 1 Splitterpinzette
- 1 elastische Binde 8 cm breit
- 1 Dreiecktuch

Arzneimittel

- Schmerztabletten und Schmerzzäpfchen (auch für Kinder)
- Halstabletten
- Kohletabletten
- Mittel gegen Erkältungskrankheiten
- Mittel gegen Insektenstiche
- Wunddesinfektionsmittel
- 1 Brandgel

Krankenpflegeartikel

- Fieberthermometer
- Augenklappe
- Mundspatel
- Desinfektionsmittel
- Kühlkompressen

Haut

Haut, raue

Raue, durch Kälte gerötete, trockene Haut behandelt man mit einem Bad, in das man vor dem Wassereinfüllen Olivenöl und Buttermilch schüttet. Es entsteht eine Emulsion, die sich angenehm weich auf der Haut anfühlt. Die Wirkung wird erhöht, wenn Sie sich nach dem Baden nicht abtrocknen, sondern in warme Tücher gehüllt ins Bett legen.

Haut, unreine

Unreine Haut sollte mehrmals täglich und vor dem Schlafengehen mit Essig, Zitronensaft oder Kampferspiritus abgetupft werden.

Husten

Husten wird durch Apfelweinmolke gelindert. Apfelwein, Wasser und Milch jeweils zu gleichen Teilen erhitzen, aber nicht kochen lassen! Danach alles durch ein sauberes Leinentuch seihen und warm trinken.

Insektenstiche

Insektenstiche jucken nicht mehr so stark, wenn Sie sie mit Kernseife einreiben.

Jodmangel

Jodmangel ist ein sehr weitverbreitetes Übel. Rund 10 % der deutschen Bevölkerung leidet an einem Kropf, der aufgrund von Jodmangel (Schilddrüsenunterfunktion!) entsteht. Um Jodmangel vorzubeugen, sollte man mindestens 1-mal wöchentlich Fisch essen und jodiertes Salz verwenden!

Johannisbeersaft, schwarzer

Schwarzer Johannisbeersaft enthält viel Vitamin C und eignet sich daher hervorragend als Getränk bei Erkältungen.

Juckreiz

Die befallenen Stellen mehrmals täglich mit verdünntem Essig einreiben.

Kindermedizin, flüssige

Man lässt das Kind direkt vor der Einnahme der Medizin einen Eiswürfel lutschen. Dadurch werden die Geschmacksnerven im Mund leicht betäubt und die Arznei schmeckt nicht mehr ganz so schlimm.

Kiwifrüchte

Kiwifrüchte schützen vor Entzündungen. Grund hierfür sind die im Fruchtfleisch enthaltenen Enzyme. Täglich sollte man daher mindestens 2 Kiwis essen!

Krankenzimmer

Zur Verbesserung der Luft im Krankenzimmer feuchte Tücher auf dem Heizkörper ausbreiten (evtl. mit einigen Tropfen Pfefferminzöl betropfen).

Latschenkiefernöl

Latschenkiefernöl hilft zuverlässig bei Bronchitis. Das ätherische Öl wird wie folgt zum Inhalieren verwendet: Man gibt einige Tropfen in einen Topf mit heißem Wasser, hält den Kopf darüber und legt über das Ganze ein großes Handtuch. So bleiben die wärmenden Dämpfe länger erhalten. Tief und langsam ein- und ausatmen.

Lippenbläschen

Lippenbläschen heilen schneller ab, wenn Sie die Bläschen vorsichtig mit einem Wattebausch, abwechselnd kurz in kaltes und warmes Wasser eingetaucht, betupfen.

Malven

Malven weisen einen sehr hohen Anteil an Mineralstoffen und Schleimstoffen auf und werden daher gerne bei Erkrankungen der Schleimhäute, Husten und Keuchhusten verwendet. Entweder als Tee, Inhalierflüssigkeit oder Kompresse.

Mate-Tee

Dieser Tee, der aus getrockneten Blättern des immergrünen südamerikanischen Matestrauches gewonnen wird, regt Herz und Nerven an und beseitigt Hungergefühle. Daher eignet sich dieser Tee als Getränk bei Diäten. Mate-Tee ist auch reich an Vitaminen, Mineralstoffen und Spurenelementen.

Nackenrolle

Wer unter Rückenschmerzen leidet, sollte auf ein normales Kopfkissen verzichten und auf eine Nackenrolle zurückgreifen. Durch diese Rolle können die Halswirbel völlig entlastet werden.

Nagelfeilen

Finger- oder Fußnägel dürfen nie im nassen oder aufgeweichten Zustand gefeilt werden. Denn dadurch reißen sie ein und der Nagelrand spaltet sich in viele kleine Risse. Daher sollte man nach dem Baden oder Duschen stets einige Zeit mit dem Feilen warten, bis die Nägel wieder hart geworden sind.

Nagellack

NAGELLACK, ABGEBLÄTTERTER

Abgeblätterter Nagellack sieht wirklich nicht besonders gepflegt aus. Um sich die Arbeit des Neulackierens zu ersparen, taucht man ein Wattestäbchen in Nagellackentferner und streicht damit vorsichtig mehrere Male über den lackierten Nagel.

NAGELLACK, ALLERGIEGETESTETER

In vielen Drogerien und Apotheken gibt es Nagellack, der zu 100 % allergiegetestet ist und keine Parfümzusätze enthält!

NAGELLACK AUFBEWAHREN

Nagellack, der im Kühlschrank aufbewahrt wird, bleibt glatt und trocknet nicht ein.

NAGELLACK, DICKFLÜSSIGER

Dickflüssiger Nagellack lässt sich mit folgendem kleinen Trick wieder verdünnen! Man gibt ein paar Tropfen 50%igen Weingeist in das Fläschchen und schüttelt den Lack dann gut durch.

Natron

Natron ist wirksam bei Magensäure-Überschuss und Sodbrennen.

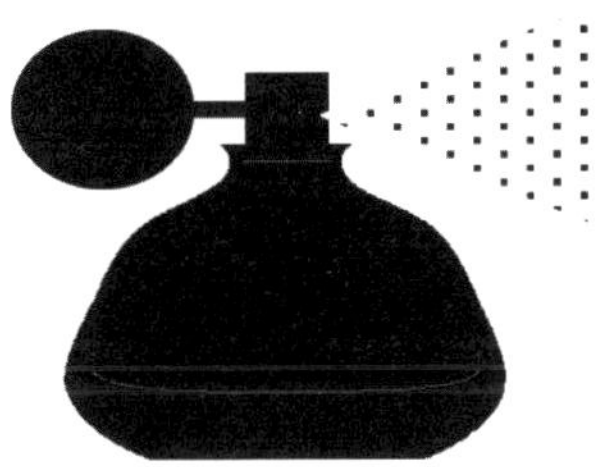

Parfümduft

Parfümduft hält an eingefetteter Haut wesentlich länger als an trockener.

Quarkwickel

QUARKWICKEL GEGEN ENTZÜNDUNGEN

Quarkwickel können dem Körper Wärme entziehen. Daher empfiehlt sich die Anwendung bei Sonnenbrand, Insektenstichen oder Akne.

QUARKWICKELANWENDUNG

Man streicht den Quark dünn mit einem Messer auf ein Leinentuch und legt dieses auf die zu behandelnde Stelle. Wenn der Quark getrocknet ist, wird der Wickel erneuert!

Quendel

Quendel enthält hauptsächlich ätherische Öle. Wegen seiner krampflösenden und desinfizierenden Eigenschaft hilft es bei Reiz- und Keuchhusten.

Rote Bete

Erschrecken Sie nicht, wenn sich nach dem Genuss von Roter Bete Urin und Stuhl rot färben.

Salz

Salz wirkt als Brei schmerzlindernd bei Insektenstichen, im Vollbad zur Durchblutungsförderung, als Heilmittel gegen Schluckauf, Sodbrennen und Stockschnupfen und zur Entfernung von Zahnbelag.

Schluckauf

Schluckauf vergeht, wenn man ein paar Pfefferkörner zerkaut, 1 TL Gelierzucker schluckt, ein Stück Würfelzucker im Mund zergehen lässt – noch wirksamer: den Zucker vorher in Essig legen –, ein Glas Wasser trinkt und dabei die Nase zuhält, etwas Salz auf der Zunge zergehen lässt.

Sodbrennen

Sodbrennen kann man mit Sauerkraut, Salzwasser, Natron (in Sprudelwasser!) oder einigen Schlucken Milch bekämpfen. Wer leicht dazu neigt, sollte sich bei allzu fetten und scharf gewürzten Speisen vorsehen.

Sonnenbrand

Sonnenbrand mit anschließender Hautabschälung wird gelindert, wenn Sie auf die betroffenen Hautstellen einige Tropfen Lavendelessenz geben und sanft einreiben.

Sonnenbräune

Sonnenbräune hält länger, wenn Sie täglich Karotten essen und Ihre Haut mit Karottenöl pflegen.

Überarbeitung, körperliche

Bei körperlicher Überarbeitung empfiehlt es sich, ein Stück Kalmuswurzel zu kauen!

Verbrennungen und Verbrühungen

Verbrennungen und Verbrühungen lindert man mit kaltem Wasser, das man über die Wunden laufen lässt (noch besser ist Eiswasser, aber Vorsicht mit Eiswürfeln, die evtl. nicht ganz keimfrei sind). Bei Blasenbildung oder offenen Wunden sofort zum Notarzt. Keine Salbe (oder Mehl, Öl usw.) benutzen. Nur mit einem keimfreien Tuch abdecken.

Verdauungsstörungen

Wer unter leichten, jedoch chronischen Verdauungsstörungen leidet, sollte täglich 1 l eines leicht abführenden Mineralwassers trinken!

Verfalldaten

Verfalldaten beim Lebensmitteleinkauf sind unbedingt zu beachten. Wenn die noch verbleibende Mindesthaltbarkeit zu kurz ist, sollten Sie auch die günstigen Sonderangebote besser nicht nutzen.

Waldmeistertee

Waldmeistertee eignet sich hervorragend als Einschlafmittel für ältere Menschen und für Kinder.

Warzen

Diese gutartigen Wucherungen können auf natürliche Art und Weise verschwinden. Man mischt einfach 1 EL Salz mit 4 EL Obstessig, füllt das Ganze in ein kleines Fläschchen ab und schüttelt es gut durch. Von dieser Flüssigkeit gibt man mit einem Wattebausch mehrmals täglich einige Tropfen auf die Warzen.

Wespenstiche

Wespenstiche schwellen nicht so stark an, wenn Sie auf den Stich eine frisch geschnittene Zwiebel- oder Zitronenscheibe legen.

Zahnbürsten

Zahnbürsten kaufen

Beim Kauf sollte man darauf achten, dass der Griff abgewinkelt ist, damit man auch in den hintersten Winkel der Mundhöhle reicht. Die Borsten sollten eine abgerundete Spitze haben und büschelförmig angeordnet sein. Verwenden Sie synthetische Borsten – Naturborsten sind zu porös. Jeden Monat sollte die Zahnbürste ausgewechselt werden.

ZAHNBÜRSTEN REINIGEN

Zahnbürsten kann man mit Zahnprothesenreinigern selbsttätig reinigen.

Zähne putzen

Wer gerade keine Zahncreme zur Hand hat, verwendet stattdessen einfach normales Küchensalz!

Zahnseide

ZAHNSEIDE, WIRKUNG

Durch die Verwendung von Zahnseide kann man die Zähne an den Stellen reinigen, an denen die Zahnbürste nicht mehr hinreicht, und verhindert so die Entstehung von Zahnbelag durch Bakterien.

ZAHNSEIDE, ANWENDUNG

Man nimmt einen etwa 40 cm langen Zahnseidenfaden (in Apotheken erhältlich) und wickelt ihn mit dem einen Ende mehrfach um den Mittelfinger der linken Hand, das andere

Ende um den Zeigefinger der rechten Hand. Dann drückt man die Seide vorsichtig durch den Kontaktpunkt zwischen 2 Zähne und führt den geplissten Faden mehrmals an den Zahnoberflächen auf und ab.

Zahnputzgläser

Zahnputzgläser müssen aus hygienischen Gründen 1-mal in der Woche mit einer warmen Kochsalzlösung ausgewaschen werden.

Zahnschmelz

Zahnschmelz wird härter und widerstandsfähiger, wenn Sie nach dem Zähneputzen den Mund mit Mineralwasser ausspülen. Dabei lassen Sie den Schluck einige Sekunden im Mund, dadurch lagern sich wichtige Mineralien in den Zähnen ab.

Zahnverfärbung

Zahnverfärbung durch Nikotin, Rotwein oder Tee kann man durch spezielle Zahnpasten beseitigen. Auch Salz statt Zahnpasta auf der Zahnbürste hilft. Diese „Zahnpasten" sollten jedoch nicht zu oft benutzt werden, da sie den Zahnschmelz angreifen. Auf keinen Fall bei Zahnersatz benutzen, da die Kunststoffoberflächen angekratzt werden.

Zitronenmelisse

Zitronenmelisse eignet sich – außer für Salate – sehr gut für Schlafgetränke, da sie beruhigende, nervenstärkende Wirkstoffe enthält.

Sauberkeit

Alkoholflecken

Alkoholflecken sollte man möglichst sofort behandeln, da sie oft braun werden. Man weicht die verschmutzten Teile in kaltem Wasser, dem man einen Schuss Glyzerin beigibt, ein. Mit Essigwasser nachspülen.

Alleskleberflecken

Man betupft den Stoff mit etwas Nagellackentferner.

Aluminiumgegenstände

Aluminiumgegenstände erhalten einen schönen Glanz, wenn man sie mit Silberpolitur pflegt.

Armaturen

Armaturen glänzen wieder, wenn man sie mit einem in Petroleum getauchten Tuch putzt. Man kann sie auch mit Zitronensaft oder Essig abreiben.

Aufkleber

Aufkleber an Fensterscheiben lassen sich wie folgt schnell entfernen: Die Bildchen mit warmem Wasser einweichen und mit einem Messer, so weit es geht, abkratzen; der Rest lässt sich mühelos mit Nagellackentferner ablösen.

Autoölflecken

Autoölflecken entfernt man am besten mit Reinigungsbenzin.

Badewannen

Badewannen sollte man möglichst nicht mit Scheuermitteln behandeln, da die Oberfläche stumpf wird. Flüssige Mittel wie Schmierseifenlauge, Geschirrspülmittel, aber auch Kochsalzlösung sind gut geeignet. Nie in der Badewanne Wäsche mit starken Waschmitteln einweichen!

Bambus- oder Rattanmöbel

Bambus- oder Rattanmöbel reinigt man mit einem Tuch, das man mit Petroleum befeuchtet hat.

Bastkörbe

Um sie zu entstauben, stellt man sie in die Badewanne, schäumt sie mit Spülmittel ein und braust sie mit lauwarmem Wasser ab. Dann einfach an der Luft trocknen lassen.

Bernsteinketten

Bernsteinketten lassen sich schnell und einfach reinigen. Schwenken Sie die Kette in einer Lauge aus Kernseife. Anschließend das Schmuckstück mit kaltem Wasser abspülen und vorsichtig mit einem trockenen, weichen Tuch abreiben.

Bierflecken

Bierflecken entfernt man, indem man die Textilien in starkem Salzwasser auswäscht. Bei eingetrockneten Bierflecken weichen Sie die Sachen in Salmiak-Seifen-Wasserlösung ein und waschen sie darin aus.

Bilderrahmen, vergoldete

Vergoldete Bilderrahmen werden wieder schön glänzend, wenn man sie mit Zwiebelschalen abreibt.

Blechgeräte, rostige

Rostige Blechgeräte werden wieder blank, wenn man sie mit Tomatensaft abreibt.

Blutflecken

Kleine, frische Blutflecken kann man mit Speichel beseitigen (kauen Sie auf einer sauberen Taschentuchecke und reiben Sie mit dem angefeuchteten Stück den Fleck aus). Größere Flecken werden mit Natron bestreut, auf das man kaltes Wasser tropft; mit dem Finger breiig verkneten und etwa ½ Stunde einwirken lassen.

Brandflecken in Teppichböden

Brandflecken repariert man, indem man die verbrannten Fasern mit einer Schere entfernt. In das entstandene Loch gibt man flüssigen Klebstoff, in den man ein paar Fasern vom Teppichrand drückt. Die reparierte Stelle wird einige Zeit gepresst, bevor Sie wieder mit dem Staubsauger darübergehen.

Brille reinigen

Geben Sie auf jedes Brillenglas 1 kleines Tröpfchen Kölnisch Wasser und reiben Sie das Glas vorsichtig mit einem weichen, fusselfreien Tuch sauber.

Bügeleisen

BÜGELEISEN-UNTERSEITEN

Bügeleisen-Unterseiten werden wieder glatt und fleckenlos, wenn Sie mit dem Eisen über ein Stück Alufolie plätten. Allerdings nur bei nicht beschichteten Bügeleisen möglich!

BÜGELEISEN, ROSTIGE

Rostige Bügeleisen werden wieder blank, wenn man sie mit einer Mischung aus Butter und feinem Salz bestreicht. Eine Zeit einwirken lassen und mit einem groben Tuch abwischen.

Chromteile

Chromteile, z. B. am Herd, lassen sich einfach und schnell reinigen, wenn Sie etwas Nagellackentferner auf Ihren Putzschwamm geben. Anschließend sehr gut mit Wasser nachspülen.

Dunstabzüge und Ventilatoren

Klebrigen, fettigen Schmutzfilm kann man mit einem in Spiritus getränkten Lappen oder Küchenkrepp abwischen oder mit einer Mischung aus Spülmaschinenpulver, Wasser und Glanzspüler abreiben. Waschbare Fettfilter kann man ab und zu in der Geschirrspülmaschine reinigen.

Duschkabinen, gläserne

Gläserne Duschkabinen glänzen wieder, wenn man sie mit einem in Essig getauchten Tuch einreibt.

Duschvorhänge

Duschvorhänge setzen keinen Schimmel mehr an, wenn Sie sie über Nacht in Salzwasser legen. Nass aufhängen.

Edelsteine

Edelsteine, die nicht mehr blinken und blitzen, zum Reinigen in 90%igen Weingeist schwenken.

Eigelbflecke

Eigelbflecke werden mit Benzin behandelt, nachdem man sie eintrocknen ließ und den Überschuss abgebürstet hat.

Emaileimer, -töpfe und -schüsseln

Emaileimer und -schüsseln kann man mit Terpentin oder Seifenwasser säubern.

Erdbeerflecken

Erdbeerflecken sind sehr hartnäckig. Probieren Sie es mit einer Mischung aus Salmiakgeist und Borax.

Essig

Essig ist ein Universalmittel. Man kann damit Kesselstein aus Kesseln, Töpfen und Kaffeemaschinen entfernen. Auch den Kalkablagerungen in Waschmaschinen, auf Kacheln und in Badewannen kann man mit Essig beikommen. Gerüche, z. B. Kohl-, Zwiebel- oder Fischgeruch, verfliegen, wenn man mit Essig getränkte Tücher zwischen Topf und Deckel spannt. Essigspülwasser frischt Farben von Textilien auf und macht Haare glänzend und duftig. In Krankenzimmern werden Essigtücher aufgehängt oder Essigschalen aufgestellt, um die Luft angenehm aufzufrischen. Mit Essig kann man Flecken entfernen, und Essigwickel helfen bei Insektenstichen und Brennnesseljucken. Und nicht zuletzt: Essig gibt dem Salat erst die richtige Würze.

Farbe

Farbe auf Glas kann man mit Salmiakgeist oder mit Schmierseife beseitigen. Farbe, die klumpig geworden ist, filtern Sie einfach durch einen Nylonstrumpf.

Farbspritzer entfernen

Ist Farbe auf die Haut gespritzt, kann man sie mit Watte und Speiseöl entfernen.

Fenster

Fenster putzt man leicht und preisgünstig mit einem Lederlappen und einer Spiritus-Wasser-Lösung.

Fenster putzen

Fenster sollte man grundsätzlich nie bei Sonnenschein putzen, da die Scheiben dabei zu schnell trocknen und Streifen oder Schlieren zeigen.

Fernsehbildschirme

Fernsehbildschirme werden wieder blank, wenn Sie auf ein Küchenkrepp etwas Spiritus geben und sie damit abreiben.

Fettflecken auf Papier und Stoff

Fettflecken auf Papier und Stoff verschwinden, wenn Sie die Stellen mit Talk- oder Babypuder bestreuen und liegen lassen. Bei Papier lässt sich der Fettfleck auch durch vorsichtiges Ausbügeln zwischen Lösch- oder Krepppapier entfernen. Fettflecken in Stoff dagegen wäscht man mit wenigen Tropfen Geschirrspülmittel aus.

Filzschreiberflecken

Filzschreiberflecken lassen sich mit 90%igem Alkohol entfernen.

Fleckenentfernung aus Teppichen

- *Alkohol, Likör.* Shampoonieren, dann mit Reinigungsalkohol betupfen.
- *Bier.* Betupfen mit lauwarmem Wasser (max. 50 °C), gemischt mit 3 % Reinigungsalkohol.
- *Blut.* Mit kaltem Wasser betupfen, dann shampoonieren, ggf. Restflecken mit verdünnte Ammoniak (5 %) behandeln. Vorsicht! Zu starke Ammoniaklösung entfärbt!
- *Bohnerwachs, Schuhwachs, Möbelwachs.* Betupfen mit Testbenzin, anschließend shampoonieren, ggf. Restflecken mit verdünntem Ammoniak (5 %) oder Reinigungsalkohol nachbehandeln.
- *Butter, Öl, Soße.* Betupfen mit Testbenzin, anschließend shampoonieren. Bei hartnäckigen Flecken nochmals mit

verdünntem Ammoniak (5 %) betupfen. Vorsicht! Ammoniak kann entfärben oder Verfärbungen hervorrufen.

- *Eier, Eiweiß*. Mit verdünntem Ammoniak (5 %) oder Reinigungsalkohol betupfen, dann shampoonieren.
- *Erbrochenes, Urin, Kot*. Mit verdünnter Essigsäure (50 %) oder Reinigungsalkohol betupfen, anschließend shampoonieren.
- *Farbe, Lack, Ölfarbe*. Mit Testbenzin betupfen, dann shampoonieren. Latexfarbe: Bei frischen Flecken mit kaltem Wasser betupfen. Ein alter Fleck ist sehr schwierig zu entfernen. Fachmann ansprechen.
- *Kaffee, Tee*. Shampoonieren, ggf. Rest mit Reinigungsalkohol oder verdünntem Ammoniak (10 %) betupfen.
- *Kaugummi*. Mit Eisstückchen abfrieren.
- *Kerze, Paraffin*. Mit lauwarmem Bügeleisen und Löschpapier ausbügeln, mit Waschbenzin betupfen, anschließend shampoonieren.
- *Konfitüre, Sirup, Fruchtsäfte*. Mit lauwarmem Wasser (max. 50 °C) betupfen, ggf. Restflecken mit Testbenzin behandeln.
- *Kosmetikprodukte, Arzneimittel*. Mit Testbenzin oder Perchloräthylen behandeln, dann shampoonieren, ggf. Restflecken mit verdünntem Ammoniak (5 %) oder Reinigungsalkohol nachbehandeln.
- *Kugelschreiber*. Mit verdünnter Zitronensäure oder Reinigungsalkohol behandeln.
- *Milch, Kakao, Joghurt*. Shampoonieren, danach die Flecken mit verdünntem Ammoniak (5 %) oder mit Reinigungsalkohol betupfen. Bei Restflecken Testbenzin verwenden.
- *Nagellack*. Mit Aceton betupfen, danach shampoonieren.

- *Obst, Nahrungsmittel.* Mit lauwarmem Wasser betupfen (max. 50 °C), dann shampoonieren.
- *Parfüm.* Mit Reinigungsalkohol betupfen.
- *Pflanzen (Gras), Gemüse.* Mit Reinigungsalkohol betupfen.
- *Rost.* Verdünntes Kaliumoxylat (3 %) oder ein Antirostmittel für Textilien verwenden.
- *Schimmelbildung.* Mit einer Ammoniak-Wasserlösung betupfen. Stark verdünnen!
- *Schlamm.* Trocknen lassen und absaugen.
- *Schokolade, Karamellen, Bonbons.* Mit lauwarmem Wasser (max. 50 °C) oder mit verdünntem Ammoniak (5 %) betupfen.
- *Senf, Mayonnaise, Ketchup.* Verdünnten Ammoniak (10 %) einsetzen, shampoonieren.
- *Teer, Autoschmiere, Schmieröl, Heizöl.* Mit Testbenzin betupfen, danach shampoonieren. Vorgang mit Reinigungsalkohol wiederholen, anschließend shampoonieren.
- *Tinte, Anilin(-Stifte), Kohlepapier.* Möglichst viel mit Löschpapier abheben, anschließend mit einer Mischung aus 30 % Reinigungsalkohol, 70 % Wasser betupfen, dann shampoonieren. Gute Ergebnisse werden auch mit Zitronensaft erreicht.
- *Wasser.* Mit einem sauberen Läppchen aufsaugen und trocknen lassen, eventuelle Fleckenränder mit Shampoo oder mit Reinigungsalkohol behandeln.
- *Wein, Limonade.* Verdünnte Essigsäure (50 %) verwenden, danach shampoonieren.
- *Zucker.* Mit lauwarmem Wasser behandeln (maximal 50 °C), anschließend shampoonieren.

Fleckenentfernung allgemein

Man sollte nie die Reinigungsmittel direkt auf den Fleck geben, sondern um den Fleck herum verteilen. Unter den Fleck Löschpapier, Küchenkrepp oder saugfähigen Baumwollstoff legen. Das Fleckenmittel „treibt" den Fleck auf diese Weise nach innen, während das Lösungsmittel nach außen entweicht. Wird das Reinigungsmittel direkt auf den Fleck geschüttet, kann er sich nach außen ausdehnen.

Fußböden, versiegelte

Versiegelte Fußböden bekommen wieder frisches Aussehen, wenn Sie sie mit kaltem Teewasser abwischen.

Fusseln

Fusseln von Kleidern oder Polstern lassen sich leichter entfernen, wenn Sie die Bürste vorher etwas anfeuchten.

Gegenstände, verchromte

Verchromte Gegenstände glänzen wieder wie neu, wenn man sie mit einem mit Salmiakgeist befeuchteten Tuch abreibt.

Gitarrenkörper

Gitarrenkörper bekommen wieder ihren alten Glanz, wenn Sie etwas Zahnpasta auf das Holz geben und trocknen lassen. Anschließend gut polieren.

Gitter, rostige

Vor dem Streichen wird der Rost mit einer Drahtbürste entfernt und danach das Gitter mit warmem Leinöl bestrichen.

Gläser

MILCHGLÄSER

Gläser, aus denen Milch getrunken wurde, sollte man zunächst kalt ausspülen, damit sie keinen milchigen Film zurückbehalten.

GLÄSER, TRÜBE

Trübe Gläser reinigt man mit warmem Salzwasser und poliert mit Leinen nach.

Glaskaraffen, trübe

Trübe Glaskaraffen reinigt man, indem man Kaffeesatz einige Zeit darin ruhen lässt und dann gründlich ausspült. Man kann auch kleine, rohe Kartoffelstückchen in Essigwasser eine Zeit lang darin stehen lassen.

Glastischplatten

Glastischplatten werden wie neu, wenn man sie mit Zitronensaft reinigt.

Gold

Gold wird wieder glänzend, wenn man es mit Zwiebelsaft einreibt und nach 1–2 Stunden nachpoliert.

Goldborten und -tressen

Goldborten und -tressen mit Spiritus reinigen und mit einem weichen Tuch trocken reiben.

Grasflecken

Grasflecken entfernt man, in dem man den Stoff zuerst vorsichtig mit Benzin abreibt und anschließend mit Seifenlauge auswäscht. Bei empfindlichen Stoffen streicht man den Grasfleck mit Butter ein und wäscht ihn etwa nach 20 Minuten mit milder Seifenlauge aus.

Grillroste

Grillroste verschmutzen sehr stark. Um sich die Reinigung so einfach wie möglich zu machen, reiben Sie den Rost mit einer Sodalösung ab. Anschließend mit klarem Wasser gut nachspülen und abtrocknen.

Grünspan

Grünspan lässt sich leicht abreiben, wenn man die Stelle über einer Spiritusflamme erhitzt.

Handbürsten

Handbürsten werden wieder gründlich sauber, wenn sie über Nacht in Essigwasser gelegt werden.

Harzflecke

Harzflecke lösen sich durch Betupfen mit Terpentin auf.

Heizkörper

Heizkörperreinigung kann mühelos und schnell gehen! Wickeln Sie einfach um einen Kleiderbügel ein Tuch und fahren damit zwischen die Rippen.

Hundedreck

Hundedreck wird entfernt und die Stelle mit einer Essig-Seifenwasserlauge gereinigt. Mit Mineralwasser nachreiben und mit Salmiakgeist desinfizieren, damit der Hund diesen Platz nicht wieder benutzt.

Jalousetten

Jalousetten laden sich nicht statisch auf und ziehen somit auch nicht sofort wieder Staub an, wenn Sie die einzelnen Lamellen mit einem Tuch, mit etwas Weichspülmittel angefeuchtet, abreiben.

Jodflecken

Jodflecken weicht man in Salmiakgeistwasser ein. Frische Flecken bestreicht man mit Schmierseife, lässt kurz einwirken und wäscht mit lauwarmem Wasser aus.

Joghurtflecken

Joghurtflecken sollte man sofort mit lauwarmem Wasser entfernen (nicht reiben!). Wenn die Flecken bereits eingetrocknet sind, erst leicht ausbürsten und dann mit lauwarmem Wasser ausreiben.

Kachelwände und -tische

Kachelwände und -tische werden sauber und glänzen, wenn sie mit Magermilch abgerieben und nachpoliert werden.

Kakaoflecken

Kakaoflecken sofort mit kaltem Wasser auswaschen.

Kalkablagerungen

Kalkablagerungen in Brauseköpfen und Sieben an Wasserhähnen lassen sich wie folgt entfernen: Legen Sie das Sieb einige Stunden in heißen Essig. Wenn sich das Sieb nicht abschrauben lässt, löst sich der Kalk, wenn man einen Joghurtbecher voll Essigessenz mit Draht oder Klebestreifen so am Hahn befestigt, dass das Sieb in den Essig hängt. Am besten über Nacht hängen lassen, dann haben sich Ablagerungen sicher gelöst.

Kalkfarbenflecke

Kalkfarbenflecke lassen sich mit verdünntem Essig beseitigen.

Kalkrückstände

Kalkrückstände in der Waschmaschine verschwinden, wenn Sie 4 l Essig in die Trommel geben und einfach einen Hauptwaschgang leer durchlaufen lassen.

Katzendreck

Katzendreck wird erst entfernt, dann wird mit Essig-Seifenwasser abgewischt. Mit Mineralwasser nachreiben und trocknen lassen. Danach mit Salmiakgeist desinfizieren.

Kehrbesen

Kehrbesen lassen sich am besten reinigen, wenn Sie mit einem grobzinkigen Kamm durch die Besenborsten fahren.

Kesselstein

KESSELSTEIN ENTFERNEN

Kesselstein lässt sich mit Essig oder Zitronensaft gut entfernen.

KESSELSTEIN VERMEIDEN

Kesselstein vermeidet man, wenn man in den Wasserkessel ein Stückchen Marmor legt. (S. auch Kalk.)

Kirschflecken

Kirschflecken reibt man mit einer Lösung aus 3 Teilen Wasser, 1 Teil Salmiakgeist und 3 Teilen reinem Äther ein. 1 Stunde einwirken lassen; auswaschen.

Kokosläufer

Kokosläufer bekommen Sie schnell wieder sauber. Bürsten Sie die Teppiche mit Sodawasser ab und stellen Sie sie zum Trocknen leicht schräg auf.

Korkgegenstände

Korkgegenstände, z. B. Untersetzer, lassen sich gut mit Schmierseife reinigen, die dünn aufgetragen wird. Etwas einwirken lassen, dann mit warmem Wasser abbürsten.

Kugelschreiberflecken

Kugelschreiberflecken betupft man mit Spiritus oder Terpentinersatz und wäscht sie nach kurzer Einwirkzeit aus.

Kunststoffflächen

Kunststoffflächen, die matt geworden sind, reibt man mit Autopolitur oder Zahnpasta wieder glänzend.

Kunststofffußböden

Kunststofffußböden erhalten einen herrlichen Glanz, wenn Sie den Boden mit Seifenwasser wischen. In Ihr Wasser geben Sie zusätzlich eine Tasse Waschpulver.

Kupfergegenstände

Kupfergegenstände putzt man mit Buttermilch, in der man etwas Kochsalz aufgelöst hat.

Likörflecken

Likörflecken lassen sich mit Benzin entfernen. Ränder mit Wasser oder verdünntem Salmiakgeist nachbehandeln.

Linoleumböden

Linoleumböden haben oft unschöne Kratzer. Schnell können Sie diese mit einem Autolackstift, den es in vielen Farben gibt, beseitigen.

Lippenstiftflecken

Lippenstiftflecken reibt man mit Glyzerin ein. Dies löst den Fleck. Reste einfach mit Seifenlauge auswaschen. Lippenstiftflecken lassen sich auch mit Spiritus oder Reinigungsbenzin entfernen; in Seifenlauge auswaschen.

Marmor

Marmor wird wieder schön, wenn man ihn mit einem Brei aus feinem Scheuersand und Zitronensaft abreibt und dann mit Wasser abwäscht.

Möbel

MÖBEL, GEBEIZTE

Gebeizte Möbel, die sehr verschmutzt sind, reibt man am besten mit Terpentin ab.

MÖBEL, GESCHNITZTE

Geschnitzte Möbel lassen sich mit einer alten Zahnbürste reinigen. Auch die Möbelpolitur damit auftragen.

Nickelsachen

Nickelsachen reinigt man mit einer Seifenlauge.

Nikotinflecken

Nikotinflecken an den Fingern beseitigt man, wenn man in starkes Seifenwasser einige Tropfen Spiritus gibt und die

Hände darin badet oder die Hände gründlich mit frisch ausgepresstem Zitronensaft abreibt.

Ohrringe

Ohrringe müssen immer gut gereinigt sein, um Entzündungen zu verhüten. Legen Sie die Ohrringe über Nacht in eine Kernseifenlösung und spülen Sie diese am Morgen mit warmem Wasser gründlich ab.

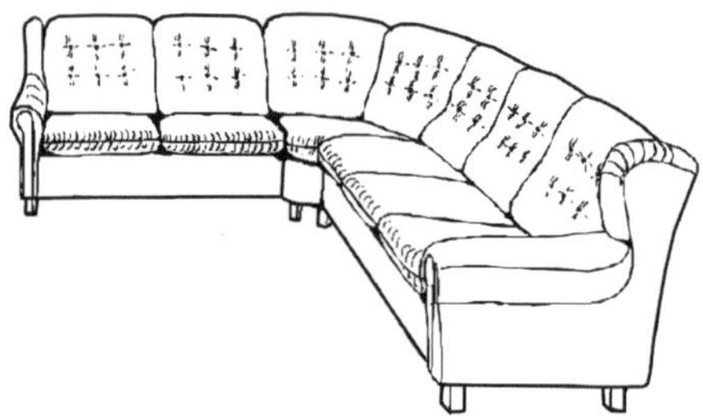

Polstermöbel

Polstermöbel mit Essigwasser abgebürstet, erhalten wieder leuchtende Farben.

Profilglas

Profilglas putzt man einfach, indem man Spiritus mithilfe eines Wäschesprengers auf die Scheiben sprüht; mit einer Bürste (schwierige Stellen evtl. mit einer alten Zahnbürste) abbürsten.

Riffelglas

Riffelglas lässt sich zeitsparend reinigen, wenn Sie mit einer mit Spiritus befeuchteten Kleiderbürste über das Glas reiben.

Rollladen- und Jalousienbänder und -schnüre

Rollladen- und Jalousienbänder und -schnüre werden wieder sauber, wenn man sie mit Geschirrspülmittel und Wasser oder mit Waschbenzin reinigt.

Rollos reinigen

Rollos, die man nicht waschen kann, werden mit Brotscheiben abgerieben. Mit einem Radiergummi lassen sich viele Flecken entfernen. Man kann die Rollos auch mit einem in Mehl getauchten, rauen Tuch abreiben.

Rostflecken

Rostflecken lassen sich gründlich und schnell durch Abreiben mit zerknüllter Alufolie entfernen.

Rotweinflecken

Rotweinflecken werden, so lange sie frisch sind, von Salz aufgesogen. Man bestreut sie dick damit und lässt dann das Salz arbeiten.

Rußflecken

Russflecken entfernen

Rußflecken bestreut man dick mit Salz, lässt sie einige Zeit ruhen und bürstet sie trocken aus. Rußflecken dürfen nie feucht abgewischt werden.

Russflecken auf Tapeten

Rußflecken auf Tapeten reibt man mit Weißbrotrinde oder einem weichen, sauberen Radiergummi ab.

Salz

Salz wird im Haushalt vielfach eingesetzt, z. B. zum Entfernen von Rotwein- und Tintenflecken, zum Reinigen der Badewanne, zum Reinigen und Auffrischen von Korbwaren und Bast oder Strohteppichen. Man kann mit Salz den trüben Belag von den Zahnputzgläsern reinigen, Möbel blank reiben.

Schimmelflecken

Schimmelflecken auf Leder bearbeitet man mit einem Schwamm und einer Wasser-Spiritus-Mischung (1:1).

Schleiflackmöbel

Schleiflackmöbel lassen sich schnell und wirksam mit Schlämmkreide reinigen. Eine Handvoll Schlämmkreide mit etwas Wasser vermischen und mit einem weichen Schwamm die Möbel abwaschen. Die Nachreinigung erfolgt mit reinem, lauwarmem Wasser.

Schmierseife

Schmierseife eignet sich gut zum Reinigen und Waschen von farbiger Wäsche bei 40 °C oder für die Wäsche im Handwaschbecken. (Beim Nachspülen einen Schuss Essig ins Wasser geben.) Auch als Allzweckreiniger für Fliesen, Kacheln, Fußböden, Türen, Fensterrahmen und Kunststoffbelägen aller Art eignet sich dieses umweltfreundliche, kostensparende Allroundmittel, das unsere Großmütter schon schätzten.

Schuhcremeflecken

Schuhcremeflecken lassen sich mit Spiritus entfernen, den man bei weißen Geweben unverdünnt verwenden kann. Bei farbigen Geweben mit Wasser verdünnen und am Saum eine Probe machen.

Silberfische

Silberfische verschwinden, wenn man die „Nistplätze" mit Borsäure und Zucker behandelt.

Spiegel

Spiegel reinigen

Spiegel reinigt man mit lauwarmem Wasser, in das etwas Spiritus und Salmiakgeist gegeben wird.

Spiegel und Fenster

Spiegel und Fenster, die mit Essig abgerieben werden, halten die Fliegen fern.

Spinnweben

Spinnweben müssen mit Aufwärtsbewegungen abgefegt werden, sonst bleiben sie an der Wand kleben.

Staubtücher

Staubtücher nehmen besser den lästigen Schmutz auf, wenn Sie die Tücher ab und zu in mit einem Schuss Glyzerin angereicherten Wasser waschen.

Staubwischen

Staubwischen zwischen den Falten eines Lampenschirmes geht ganz einfach, wenn Sie einen ca. 10 cm breiten Malerpinsel verwenden.

Steintreppen

Bei Frost putzt man Steintreppen mit heißem Putzwasser, dem man Salmiakgeist zugibt. Dies verhindert Glatteisbildung.

Stuhlsitze, geflochtene

Geflochtene Stuhlsitze werden schön sauber, wenn man sie mit Salzwasser abbürstet.

Teeflecken

Teeflecken sollten sofort mit warmem Wasser ausgewaschen werden. Hartnäckige Flecken werden anschließend mit Glyzerin abgerieben.

Teerflecken

Teerflecken lassen sich mit Terpentin oder Reinigungsbenzin beseitigen.

Telefonapparate

Telefonapparate, die verschmutzt oder verschmiert sind, glänzen wieder wie neu, wenn man sie mit Spiritus abreibt.

Tierhaare

Tierhaare auf Teppichen, an Polstermöbeln und an Kleidungsstücken lassen sich leicht entfernen, wenn man sie mit einer feuchten Nylonbürste abbürstet.

Toilettenreinigung

Toilettenreinigung geht einfach und problemlos! Werfen Sie eine Gebissreinigungstablette in die Schüssel. Etwas einwirken lassen; Spülung betätigen.

Türrahmen, lackierte

Lackierte Türrahmen werden durch häufiges Scheuern und Abwaschen unansehnlich. Um ein schnelles Verschmutzen der lackierten Flächen zu vermeiden, sollte man sie mit farblosem Wachs einreiben.

Ventilatoren

Ventilatoren und Dunstabzüge. Klebrigen, fettigen Schmutzfilm kann man mit einem mit Spiritus getränkten Lappen oder Küchenkrepp abwischen, oder mit einer Mischung aus Spülmaschinenpulver, Wasser und Glanzspüler abreiben.

Verlängerungskabel

Verlängerungskabel müssen immer aufgerollt auf einer Rolle aufbewahrt werden. Zum einen rollen sie so, ohne zu verknoten, ab. Zum anderen kann das Kabel nicht einknicken und die Isolierung bleibt gewährleistet.

Verpackungsmaterial

Verpackungsmaterial sollten Sie dem Recycling zuführen. Geben Sie Papier, Blechbüchsen und Glas zum Altwarenhändler oder in dafür bestimmte Container.

Vogelsand, schmutziger

Schmutziger Vogelsand gehört nicht auf den Komposthaufen, sondern in die Mülltonne.

Wachs

Wachs entfernen

Kerzenwachs lässt sich einfach ablösen, wenn man den Kerzenhalter unter heißes Wasser hält oder für einige Zeit ins Gefrierfach legt.

WACHSFLECKEN AUF MÖBELN

Man hebt vorsichtig, ohne zu kratzen, die Wachsschicht ab und reibt das Holz mit etwas Olivenöl oder Terpentin ab.

Wände

WÄNDE ABWASCHEN

Stülpen Sie sich beim Wändeabwaschen ein paar alte Socken, von denen Sie die Spitzen abgeschnitten haben, über Ihr Handgelenk. So laufen Ihnen die Wassertropfen nicht in die Ärmel.

WÄNDE, VERRUSSTE

Verrußte Wände lassen sich mit Knetgummi oder frischem Brot reinigen. Kaufen Sie eine größere Portion von dem Knetgummi, dann geht es leichter. Man kann ihn immer wieder verwenden, z. B. um Rollos „sauber zu radieren". In einem geschlossenen Glas aufbewahren.

Waschbecken

Waschbecken lassen sich mit einem Brei aus Schlämmkreide hervorragend reinigen.

Wasserflecken

Wasserflecken auf Möbeln reibt man mit einem Brei aus Zigarettenasche und Speiseöl ab. Lackierte Möbel mit Petroleum.

Wasserstein

Wasserstein lässt sich mit Essig oder Zitronensaft entfernen. (S. auch Kalk.)

Wasser- und Schneeflecken

Wasser- und Schneeflecken auf Parkett reibt man mit Benzin oder Leinöl ab.

Zeitungen und Zeitschriften

Zeitungen und Zeitschriften sammelt man am besten in 4-eckigen, leeren Waschmittelkartons. So kann man die Zeitungen leicht zur Altpapiersammlung geben.

Zeitungspapier

Zeitungspapier ist sehr vielseitig und gut geeignet zum Reinigen von Herdplatten, Öfen, Metallgeräten, Fenstern, als Wärmeschutz unter Teppichen oder als Mottenschutz für Pelze und Wollsachen.

Zigarettengeruch

Wenn sich Zigarettengeruch in den Polstern oder Teppichen festgesetzt hat, kann man mit folgendem Trick Abhilfe schaffen: Man reibt die betroffenen Stoffe mit einer Bürste, eingetaucht in Essigwasser (Mischverhältnis 1:1), fest ab.

Zinn

Zinn lässt sich mit Bier oder einer Mischung aus Petroleum und Zigarrenasche gut reinigen. Sie können es auch mit Kohlblättern abreiben.

Hobby

&

Heimwerken

Abbeizmittel

Zum Abbeizen kleinerer Flächen oder von Schnitzereien ist Salmiakgeist (evtl. öfter mit Bürste auftragen) gut geeignet. Diese Behandlung kann allerdings zu Verfärbungen des Holzes führen. Vorsicht! Nicht die giftigen Dämpfe einatmen und deshalb nur im Freien arbeiten.

Bilder

BILDER, SCHIEF HÄNGENDE

Bilder, die schief hängen, kann man gerade ausrichten, wenn man den Bilderrahmen mit Schaumgummiecken beklebt.

BILDER AN SCHRÄGEN WÄNDEN

Bilder kann man an Mansarden- und anderen schrägen Wänden aufhängen, wenn man sie oben mit einem gewöhnlichen Haken am Nagel anhängt und unten an einer Schiffsöse mit einer Schraube oder einem Nagel befestigt.

Bohren

BOHREN IN HOLZ ODER FLIESEN

Bohren in Holz oder Fliesen wird einfacher, wenn Sie auf der Bohrstelle Krepp-Klebeband befestigen.

BOHRSTAUB

Beim Bohren mit der Bohrmaschine kann man vermeiden, dass Staub herumgewirbelt wird, wenn jemand mit dem Staubsaugerrohr direkt danebensteht und den Staub einsaugt.

Decken streichen

Decken streichen ist für die Haartracht eine unerfreuliche Angelegenheit. Beugen Sie dem vor, indem Sie einfach eine Duschhaube beim Deckenstreichen aufsetzen.

Dichtstoffe

Will man Risse und Fugen abdichten, sollte man eine Dichtungsmasse verwenden, die auf Silikonbasis aufgebaut ist.

Dübel

DÜBEL, ALTE

Alte Dübel holen Sie mühelos aus der Wand: Drehen Sie vorsichtig einen Korkenzieher in den Dübel hinein; dann wieder herausdrehen.

DÜBELLÖCHER

Tapeziert man ein Zimmer neu, markiert man die alten Dübellöcher wie folgt: Man steckt ein Streichholz in das Dübelloch, legt die feuchte Tapete vorsichtig darüber und hat so schnell wieder das alte Dübelloch gefunden.

Duschvorhänge, alte

Alte Duschvorhänge nicht wegwerfen, sondern als Bodenabdeckfolie bei Malerarbeiten verwenden.

Eierschachteln, leere

Leere Eierschachteln lassen sich, an die Wände geklebt, sehr gut als Dämmstoffe verwenden, z. B. in einem Partykeller.

Faden einfädeln

Fadeneinfädeln geht leichter, wenn Sie eine Pinzette zu Hilfe nehmen, mit der Sie den Faden gleich am Nadelöhr packen können.

Farb-, Lack- oder Lösungsmittelreste

Farb-, Lack- oder Lösungsmittelreste nicht in den Müll werfen, sondern bei den Sammelstellen der örtlichen Mülldeponien abgeben.

Farbe umrühren

Man rührt mit einem Stück Holz die gedachten Linien einer 8 nach!

Farbtopf

Farbe muss vor der Verarbeitung immer umgerührt werden. Am einfachsten geht das mit einem Kochlöffel aus Holz, der in der Mitte ein Loch hat. Auf diese Weise vermeidet man unnötige Spritzer!

Feuchtigkeit im Zimmer

Feuchtigkeit wird durch ungelöschten Kalk gebunden. Stellen Sie eine Schale mit etwa 1 Pfund Kalk auf und Sie werden bald merken: Das Holz quillt nicht mehr und die Scheiben beschlagen nicht. Achten Sie immer darauf, dass sich der Kalk nicht in Reichweite von kleinen Kindern befindet. In feuchten Wohnungen, besonders in Neubauten, muss man den Kalk ab und zu erneuern. Vorsicht! Ungelöschten Kalk nie mit Wasser in Verbindung bringen. Verätzungsgefahr!

Fliesen

Fliesen anbohren ist eine heikle Sache. Damit die Fliese nicht springt, klopfen Sie einen Stahlnagel auf die Stelle, wo das Loch hinkommen soll. Dadurch springt die Glasur leicht ab und der Bohrer greift besser.

Fugen in Kachelöfen

Fugen in Kachelöfen mit einem Brei aus Braunstein und Wasserglas ausschmieren.

Furnierholz

Furnierholz splittert beim Sägen nicht ab, wenn Sie die Schnittlinie vorher mit Krepp-Klebeband bekleben.

Fußbodenbretter, knarrende

Knarrende Fußbodenbretter müssen nachgenagelt werden. Wenn man die Nägel mit Senkstift und Hammer tiefer ins Holz treibt und dadurch wieder fest mit dem Unterbalken verbindet, hört das Knarren auf.

Gips

GIPS, HARTER

Gips für besonders beanspruchte Stellen wird sehr hart, wenn man beim Anrühren etwas Gummilösung dazugibt.

GIPS, KLUMPENDER

Gips klumpt nicht, wenn man ihn in das Wasser rührt und nicht umgekehrt Wasser in den Gips. Gips, der statt mit Wasser mit Tapetenkleister angerührt wird, trocknet nicht so schnell.

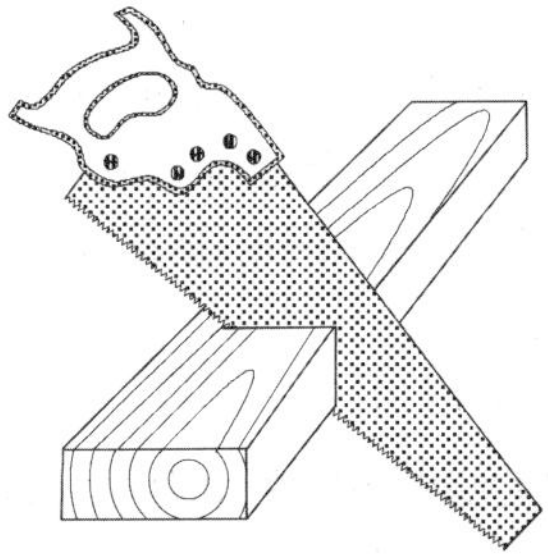

Handwerkskasten für den Haushalt

In jedem Haushalt sollte ein Handwerkskasten stehen, in dem man folgende Werkzeuge aufbewahrt:

- 1 Meterstab (2 m lang)
- 1 Flasche Maschinenöl

- 1 einfacher Messschieber, z. B. um die Stärke (Durchmesser) von Schrauben feststellen zu können
- 1 Hammer (sogenannter „Schlosserhammer") mittlerer Größe
- 1 Beißzange mittlerer Größe (zum Herausziehen von Nägeln z. B. aus Holzverpackungskisten etc., zum Abzwicken von Draht)
- 1 Kombizange (zum Geradebiegen von krummen Nägeln, Lösen von Schraubenmuttern)
- 1 Wasserpumpenzange (wird in erster Linie beim Auswechseln schadhafter Dichtungen an Wasserhähnen gebraucht)
- 1 Fuchsschwanz (Handsäge für Holz) zum Zuschneiden von Regalfächern, Kürzen von Stuhlbeinen etc.
- 1 kleine Mehrzwecksäge (Metallsäge) z. B. zum Durchsägen des Bügels eines Vorhängeschlosses, wenn der Schlüssel verloren gegangen ist
- 1 Satz Schraubenzieher (sehr klein, mittel, groß)
- 1 Bohrmaschine mit Schlagbohreinstellung (v. a. zum Löcherbohren für Mauerdübel), dazu:
- 1 Satz Holz- und
- 1 Satz Steinbohrer (4, 6, 8 mm)
- 1 Satz Schraubenschlüssel
- 1 Spachtel (zum Gipsen)
- 1 Zahnspachtel zum gleichmäßigen Auftragen von Leim oder Kleister
- Sortiment Holznägel (sogenannte Drahtstifte, verschiedener Größe), Holzschrauben und Schrankhaken sowie Mauerdübel, 4, 5, 8 mm

- 1 Satz Stahlnägel für Bilder
- 1 Holzfeile
- 1 Metallfeile, flach oder halbrund
- 1 paar Bogen Schleifpapier, grobe und feine Körnung
- 1 Wasserwaage (zum Bilderaufhängen u. a.)
- 1 Satz Handbohrer (zum Vorbohren in Holz)
- 1 Winkel
- 1 Teppichschneidemesser

Holzschrauben

Holzschrauben lassen sich besser eindrehen, wenn man sie vorher durch eine Wachskerze oder Seife zieht.

Holzschutzmittel, Imprägniermittel für Holz etc.

HOLZSCHUTZMITTEL, GIFTIGE

Holzschutzmittel, Imprägniermittel für Holz etc. sind meistens hochgiftig. Erste Symptome einer beginnenden Vergiftung sind Kopfschmerzen und ein Gefühl der Trockenheit im Hals. Auf keinen Fall sollte man diese Mittel in geschlossenen Räumen verarbeiten. Wenn man sie im Ausnahmefall nicht durch ungiftige Mittel (z. B. Boraxlösung, Holzessig, Holzteerlösung etc.) ersetzen kann und ihre Verwendung unbedingt notwendig scheint, so sollte man sie niemals spritzen oder sprühen, sondern mit einem Pinsel auftragen. Dies geschieht sinnvollerweise im Freien, nach Möglichkeit an windigen Tagen (nicht in den Wind stellen). Die behandelten Holzteile sollten, wenn sie für eine Verwendung oder Aufstellung im Innenraum bestimmt sind, mindestens eine Woche im Freien lüften. Bei der Verwendung solcher Mittel sind unbedingt die auf den Verpackungen angegebenen Verarbeitungshinweise und Vorsichtsmaßnahmen zu beachten.

HOLZSCHUTZMITTEL, CHEMISCHE

Chemische Holzschutzmittel sind in Innenräumen nur nötig, wenn die Wandfeuchtigkeit sehr hoch ist, sodass sich Insekten und Holzpilz besonders gut weiterentwickeln können. Bei normalen Temperaturen und gut ausgetrocknetem Holz reicht es aus, wenn die Holzoberfläche gewachst oder gelackt wird. Fast alle chemischen Holzschutzmittel sind sehr giftig. Sie dunsten lange aus und geben somit auch Gifte an die Raumluft ab. Die Wohnräume sollten also mindestens 1 Woche leer stehen und ständig gut belüftet werden.

Holzspachtelmasse

Holzspachtelmasse im passenden Farbton lässt sich leicht selbst anfertigen: Rühren Sie Sägemehl, das Sie von dem zu reparierenden Gegenstand abgeschliffen haben, mit etwas Holzleim zu einem Brei. Diese Masse lässt sich nach dem Trocknen gut feinschleifen und mit Wachs einreiben.

Holzvertäfelungen und Holzdecken

Holzvertäfelungen und Holzdecken brauchen nicht mit synthetischen Holzschutzmitteln behandelt zu werden. Diese sind meistens hochgiftig, die Giftwirkungen halten oft über Jahre hinweg an, die Gifte verflüchtigen sich oft über längere Zeiträume in die Innenräume und werden mit der Raumluft eingeatmet. Zum jahrelangen Schutz des Holzes, wenn es überhaupt befallen werden sollte, genügt ein Anstrich mit

Holzessig oder Boraxlösung. Anstelle von Lacken oder Farben, die oft ebenfalls giftige und umweltbelastende Lösungsmittel enthalten, verwendet man einen Anstrich mit bleifreiem Leinöl.

Kachelöfen

Fugen in Kachelöfen kann man selbst reparieren, wenn man sie mit einem Brei aus Braunstein und Wasserglas ausschmiert.

Kalkfarben

Kalkfarben kann man sowohl für Innen- als auch Außenwände verwenden. Sie zeichnen sich durch Witterungsbeständigkeit und günstigen Preis aus.

Klebebandanfang

Man knickt das Band an der abgerissenen Stelle schmal um. Sofort kann man es aufrollen!

Knetgummi

Knetgummi zum Basteln wird nicht hart und damit unbrauchbar, wenn Sie ihn in alte Marmeladengläser geben, etwas Salatöl daraufträufeln und mit einem Schraubdeckel bis zum nächsten Gebrauch gut abschließen.

Lack

LACKANSTRICHE, ALTE

Man sollte sich beim Abschleifen lackierter Möbelstücke unbedingt mit einer Feinstaubmaske schützen. Am besten nur im Freien arbeiten und den Staub gründlich absaugen oder wegwischen. Schleifwerkzeuge mit automatischer Absaugung verwenden.

LACKE, GIFTIGE

Vermeiden Sie, soweit nur irgend möglich, Lacke mit giftigen Inhaltsstoffen. Versuchen Sie es immer zuerst mit Lacken, die das Umweltzeichen aufgedruckt haben. Beim Verarbeiten von Lacken unbedingt die Vorsichtsmaßnahmen beachten.

LACKIERPINSEL, GEBRAUCHTE

Gebrauchte Lackierpinsel bewahrt man auf, indem man die Borsten einfach luftdicht mit Plastikfolie (z. B. Haushaltsfolie) umwickelt. Das Arbeitsgerät bleibt so bis zu einer Woche gebrauchsfähig.

LACKIERPINSELREINIGUNG MIT BENZIN

Nach Beendigung der Arbeit kann man Lackierpinsel in Benzin reinigen und aufbewahren.

LACK- UND FARBRESTE

Lack- und Farbreste gehören nicht auf den Müll. Bei den Sammelstellen der örtlichen Mülldeponien abgeben.

Leim

LEIMPINSEL

Leimpinsel reinigt man mit kaltem oder warmen Wasser (je nach Leimart). Harte Pinsel weicht man in Essigessenz ein.

LEIMTUBEN

Leimtuben verkleben leicht, sodass sich das Gewinde nicht mehr drehen lässt. Wenn Sie den Kopf der Tube in heißes Wasser tauchen, lässt sich die Tube wieder mühelos öffnen.

Löcher, kleine

Kleine Löcher in der Wand verschwinden oft schon, wenn Sie mit einer weißen Schulkreide mehrmals über die betroffene Stelle fahren.

Malerarbeiten

FARBFLECKEN VERMEIDEN

Cremen Sie sich, bevor Sie zu Pinsel und Farbtopf greifen, die Hände und die Unterarme mit einer fettigen Hautcreme oder mit Margarine ein. Farbflecken lassen sich dann ganz leicht mit Wasser und Seife abwaschen.

MALFARBE

Das Umrühren von Malfarbe geht schnell und einfach, wenn Sie dafür einen alten Schneebesen verwenden.

MALFARBEIMER

Malfarbeimer werden geschützt, und Sie ersparen sich das lästige Reinigen, wenn Sie in den Eimer eine Plastiktüte geben. Dann erst kommt die Farbe hinein.

Malstifte

Malstifte kann man mühelos auch mit einem Kartoffelschneider anspitzen!

Möbelpflege

MÖBEL AUFFRISCHEN

Gebeizte und „farbgebürstete" Möbel können mit Wachs aufgefrischt werden.

MÖBELSCHUTZ

Bienenwachs, Leinölfirnis oder Schellack sind gute Holzschutzmittel, die den Möbeln und Wandbekleidungen einen guten Schutz geben, ein natürliches Aussehen verleihen und nicht gesundheitsschädlich sind. Bei Schellack sollte man zum Verdunsten des Lösungsmittels die Räume mindestens einen Tag lang lüften.

Nägel

NÄGEL, KLEINE

Kleine Nägel lassen sich leichter einschlagen, wenn man sie zwischen die Zinken eines Kammes oder durch ein Stückchen Papier steckt und dieses festhält. Die Nägel werden dabei nicht so schnell krumm und Ihre Fingernägel nicht blau.

NÄGEL IN HARTES HOLZ

Nägel lassen sich leichter in hartes Holz klopfen, wenn man sie vorher kurz in Seifenwasser getaucht hat.

NÄGEL STAUCHEN

Nägel sollte man vor dem Einschlagen stauchen (d. h. mit dem Hammer auf die Spitze schlagen), dann reißt das Holz nicht.

NÄGEL IN TAPETE

Nägel einschlagen, ohne dabei die Tapete zu beschädigen, geht ganz einfach, wenn Sie vorher die Tapete vorsichtig kreuzweise einritzen und dann den Nagel einschlagen.

Nagellack, farbloser

Farbloser Nagellack kann oft als Ersatz für einen Kleber dienen, wenn man diesen gerade nicht im Hause hat!

Nähmaschinen

NÄHMASCHINE REINIGEN

Nähmaschinen lassen sich mit einer sauberen Wimpernbürste schnell und gründlich reinigen.

NÄHMASCHINENNADELN

Nähmaschinennadeln brechen nicht so leicht beim Nähen dicker oder harter Stoffe, wenn man sie ab und zu mit Kernseife trocken abreibt.

Nähseide

Nähseide rubbelt sich nicht auf, wenn man den Faden über Wachs oder Seife zieht.

Nassräume

Damit die Wandfarbe in Nassräumen, wie z. B. Bad oder Dusche, gut hält, kann man die Wände auch mit Außenwandfarbe streichen. Der Vorteil: Diese Farbe ist resistent gegen Feuchtigkeit!

Ökoleim

Ökoleim ist ein Kleber, der auf natürlichen Stoffen (Kartoffel- oder Maisstärke) aufgebaut ist. Auch Klebestifte fallen in die Rubrik Ökoleim, da sie gesundheitlich unbedenklich sind! Ökoleim findet man auch auf Briefmarken.

Ölfarben

Ölfarbendosen

Ölfarbendosen fest verschließen und zum Aufbewahren auf den Kopf stellen. So bleibt die Farbe streichfähig.

Ölfarben- und Malergeruch

Ölfarben- und Malergeruch verschwindet, wenn man Teller mit Essig, Salz oder aufgeschnittenen Zwiebeln aufstellt.

Pinsel

Pinsel, kleine

Pinsel, die kleiner als der Farbtopf sind, rutschen beim Abstellen oft in die Farbe. Nicht, wenn Sie einen Nagel seitlich in den Pinselstiel schlagen, um ihn damit am Farbtopfrand aufzuhängen.

PINSEL REINIGEN

Wasserlösliche Farben spült man mit Wasser aus, dem man evtl. etwas Spülmittel oder Schmierseife beigibt. Lack- und Ölfarbenpinsel streicht man erst auf Zeitungspapier gut aus und reinigt sie dann mit Terpentinersatz (Nitroverdünner nur, wenn unbedingt nötig bei hart gewordenen Pinseln verwenden) und wäscht sie in Seifenlauge nach. Gebrauchte Pinsel bewahrt man in Alufolie eingewickelt oder in Wasser auf, und zwar möglichst so, dass die Borsten nicht krumm liegen. Borsten, die krumm geworden sind, werden wieder glatt, wenn man sie senkrecht in heißes Wasser hält.

Rauputzwände

Rauputzwände lassen sich vor dem Anstreichen einfach reinigen, wenn sie mit dem Staubsauger abgesaugt werden.

Sägen

Sägen laufen leichter, wenn man das Sägeblatt mit trockener Kernseife oder einer ungesalzenen Speckschwarte einreibt. Wenn man sehr harzhaltige Hölzer sägt, sollte man das Sägeblatt mit Petroleum einreiben.

Salzteig

Aus Salzteig kann man schöne Dekorationsartikel wie Kerzenhalter usw. basteln.

Schabracken

Schabracken befestigt man an Decken- und Vorhangleisten am besten mit einem festen doppelten Klettband. Eine Hälfte wird mit Zweikomponentenkleber fest an die Leiste geklebt, die andere näht man von der rückwärtigen Seite her an die Schabracke. Man kann die Schabracke so jederzeit abnehmen und waschen, reinigen oder ausbürsten.

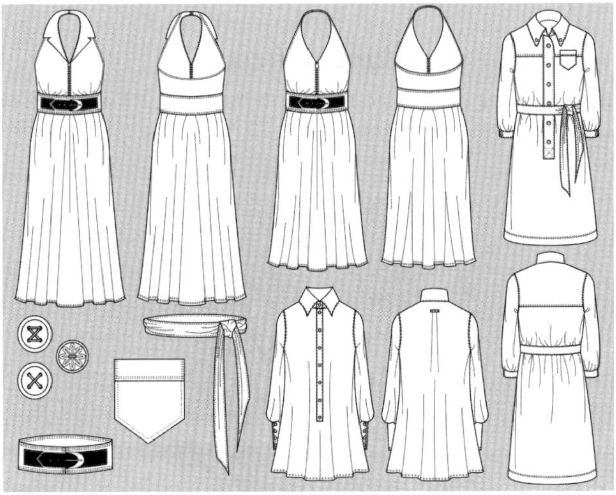

Schnittmuster

Schnittmuster einfach mit Klebestreifen auf den zu schneidenden Stoff kleben.

Schrauben

Schrauben werden durch Linksdrehen des Schraubenziehers gelöst, durch Rechtsdrehen angezogen.

Schraubendreher

Schraubendreher rutschen nicht mehr gefährlich ab, wenn Sie die Spitze mit Kreide einreiben.

Sperrholz

Sperrholz splittert beim Sägen nicht ab, wenn Sie die Schnittlinie vorher mit Krepp-Klebeband bekleben oder einen Sperrholzrest unter der Platte mitschneiden. Nur Sägen mit feiner Zahnung benutzen.

Stahlwerkzeug

Stahlwerkzeug bleibt rostfrei, wenn man es mit Paraffinöl einfettet.

Stricknadeln

Stricknadeln rutschen nicht aus der abgelegten Handarbeit und gefährden nicht durch ihre Spitzen, wenn man auf die Enden Flaschenkorken spießt.

Strickteile spannen

Fertiggestrickte Teile werden vor dem Zusammennähen gespannt. Dazu legen Sie die Teile auf dem Teppich aus und stecken die Kanten des gestrickten Stückes am Teppich fest. Sie können das Strickteil dabei noch in die gewünschte Form ziehen. Stecken Sie die Nadeln dicht am Strickrand herum. Dann ein feuchtes Frottiertuch auflegen und so lange liegen lassen, bis es trocken ist (1–2 Tage).

Tapeten

Tapeten lösen

Tapeten lösen sich nach einiger Zeit gerne an den Rändern ab. Einfach etwas Eiweiß auf die Unterseite der Tapete streichen und fest andrücken.

Tapeten in Feuchträumen

Tapeten in Feuchträumen halten länger, wenn Sie alle Ränder mit Klarlack überziehen.

Tapetenfarbe, weisse

Weiße Tapetenfarbe vergilbt nicht, wenn Sie vor dem Streichen einen Klecks schwarze Farbe einrühren.

Tapetenscheren

Tapetenscheren werden wieder höllisch scharf, wenn Sie damit ganz feines Schleifpapier schneiden.

Türen

Türen, klemmende

Klemmende Türen müssen nicht sein! Schmieren Sie die Reibeflächen mit etwas Bohnerwachs ein.

Türen ölen

Die Türen mit einem Hebel, der unter die geöffnete Türe geschoben wird, etwas anheben und das Scharnier mit wenigen Tropfen Maschinenöl oder Grafit (Bleistift) schmieren.

TÜREN STREICHEN

Türen zum Streichen aushängen, auf 2 Böcke oder Schemel legen und abbeizen, schleifen und spachteln. Den Lack trägt man mit einem breiten, feinen Haarpinsel oder mit einem Schaumstoffgummipinsel zuerst quer und dann in Längsrichtung auf. Am nächsten Tag, wenn die gestrichene Seite ganz trocken ist, kann man die andere Seite streichen. Beim zweiten Anstrich genauso verfahren und wieder gut trocknen lassen, damit der Farbauftrag schön glatt und gleichmäßig wird.

TÜREN UND SCHLÖSSER

Türen und Schlöser dürfen nur mit Maschinenöl geölt werden, da sie durch Pflanzenöle klebrig werden.

Wände

WÄNDE STREICHEN

Um eine gleichmäßige Farbe und einen gleichmäßigen Strich zu erzielen, streicht man Wände immer von oben nach unten. Auch zum Ausbessern kleinerer Stellen diese Regel beachten!

WÄNDE, WEICHE

Weiche Wände dürfen niemals mit einem Schlagbohrer bearbeitet werden, da sonst große Stücke des Putzes herausgerissen werden könnten!

WANDSCHIMMEL

Will man wissen, ob der Schimmelbefall einer Wand nur die äußere Mauerschicht betrifft oder bis tief ins Mauerwerk reicht, bohrt man einfach ein Loch in die Schimmelstelle. Wird der Bohrstaub bei tieferem Bohren trockener, sitzt der Schimmel weit im Mauerwerk.

Wasserhähne

Tropfende Wasserhähne tragen unter Umständen erheblich zu erhöhtem Wasserverbrauch bei. Mit einer Wasserrohrzange kann man sie ganz leicht öffnen, natürlich, nachdem man zuerst das Absperrventil unter dem Becken geschlossen hat. Man sollte, insbesondere bei stark kalkhaltigem Wasser, die Dichtungen im Abstand von einigen Monaten erneuern. Hat man keine Dichtung zur Hand, so kann man auch die vorhandene Dichtung umdrehen.

Werkzeug

WERKZEUG VOR ROST SCHÜTZEN

Werkzeug können Sie vor Rost schützen, wenn Sie ein Stück Kohle in den Werkzeugkasten legen.

ZANGE

Überzieht man den Griff einer Zange mit einem Stück Gummischlauch, lässt sich wesentlich bequemer und v. a. ohne Blasenbildung an der Innenhand arbeiten.

Zedernholz

Mit der Zeit verlieren Möbel aus Zedernholz ihren herrlichen Duft. Dann schleift man mit einem Sandpapier die Möbeloberfläche mit leichtem Handdruck ab. Dabei darf man nur Sandpapier mit einer sehr feinen Körnung verwenden! Die Poren im Zedernholz werden wieder geöffnet und der angenehme Duft kann wieder ausströmen!

Tipps für alle Fälle

Abfluss

ABFLUSSROHR

Unangenehmer Geruch aus dem Abflussrohr wird durch starke Salzwasserlösung abgestellt.

ABFLUSSSTÖPSEL

Abflussstöpsel können Sie mit Vaseline oder Glyzerin geschmeidig machen und dadurch ein Festsaugen verhindern. Öl sollte man nicht verwenden, da es Gummi angreift.

ABFLUSSVERSTOPFUNG

Verwenden Sie lieber die Saugglocke statt aggressive Abflussreiniger. Gute Dienste tut auch ein langer, biegsamer Draht.

ABFLUSSVERSTOPFUNG VERMEIDEN

In ein WC dürfen keine gröberen Abfälle, wie z.B. Binden, Tampons, Zigarettenreste o. Ä., geworfen werden! Diese Dinge gibt man in einen kleinen Plastikeimer.

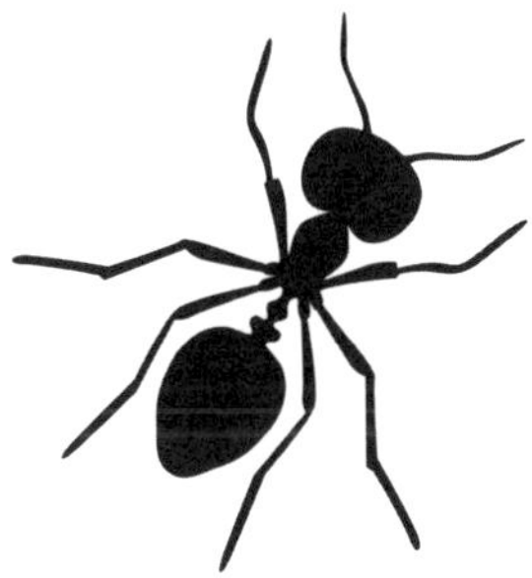

Ameisen

AMEISEN

Brennnesseljauche oder Lavendelöl, auf die Laufstraßen gegossen, schlagen die Ameisen in die Flucht.

AMEISENPLAGE

Man kann mit natürlichen Mitteln Abhilfe schaffen. Man pflanzt rings um das Nest Lavendel-, Majoran-, Kerbel- oder Thymianpflanzen. Der Geruch dieser Kräuter ist den schnellen Vierbeinern unangenehm.

Aschenbecher

Gefüllte Aschenbecher riechen nicht so unangenehm, wenn Sie vor dem Gebrauch einfach Sand hineingeben.

Batterien

BATTERIEN LAGERN

Batterien lagert man am besten im Kühlschrank.

BATTERIEN ENTSORGEN

Batterien, besonders die kleinen Knopfzellen, die in Uhren, Taschenrechnern und Fotoapparaten benutzt werden, enthalten Gifte wie Quecksilber oder Cadmium. Verbrauchte Batterien dürfen deswegen nicht in den Hausmüll geworfen werden, sondern müssen dem Fachhändler zurückgegeben oder bei den zuständigen Abnahmestellen der Mülldeponien abgeliefert werden.

Batterien, alte

Alte Batterien können in den Geräten auslaufen und das Gerät zerstören. Deshalb unbedingt aus dem Gerät entfernen!

Batterien, leere

Leere Batterien gehören zum Sondermüll! In vielen Lebensmittelläden sind Behälter zur Entsorgung von leeren Batterien aufgestellt worden, die man nutzen sollte.

Beschlagen und Gefrieren von Fenstern

Beschlagen und Gefrieren von Fenstern kann man vermeiden, wenn man sie mit einem 60%igen Spiritus, dem Sie einen Schuss Glyzerin beimischen, abreibt.

Bleistifte

Bleistifte können Sie, falls Sie keinen Spitzer zur Hand haben, auch leicht mit einem Kartoffelschäler anspitzen.

Briefmarken

Briefmarken, aufeinanderklebende

Briefmarken, die aufeinanderkleben, legt man kurze Zeit ins Gefrierfach.

Briefmarken aufkleben

Hinterlässt einen unangenehmen Geschmack im Mund. Füllen Sie einfach Wasser in einen leeren Deodorant-Roller und befeuchten Sie damit Ihre Briefmarken.

Briefumschläge

Briefumschläge werden fest verschlossen, wenn Sie die Ränder mit farblosem Nagellack bepinseln. So kann der Brief auch nicht über Wasserdampf geöffnet werden.

Brillen

Brillen, die beschlagen, sind ein lästiges Übel. Um das zu verhindern, sollten Sie die Brillengläser dünn mit Kernseife einreiben.

Christbaumkerzen

Christbaumkerzen tropfen nicht, wenn Sie sie über Nacht in Salzwasser legen.

Christbaumkugeln

Christbaumkugeln, bei denen der Aufhänger verloren gegangen ist, wie folgt reparieren: Um ein halbiertes Streichholz einen Faden wickeln und in die Kugeln einführen. Das Streichholz stellt sich dann quer.

Diebstahlvorsorge

Machen Sie von allen wertvollen Gegenständen Fotos (z. B. von Bildern, Silber, Uhren, Pelzen). Die Vorlage dieser „Passfotos“ macht es der Versicherung gegenüber leichter, die Dinge zu beschreiben.

Duschvorhänge

Duschvorhänge beschweren

Duschvorhänge wickeln sich gerne beim Duschen um Ihre Beine. Um das zu verhindern, befestigen Sie einfach kleine Magnete am Duschvorhang, die ihn dann an der Badewanne festhalten.

Duschvorvorhangstange

Duschvorhänge gleiten müheloser, wenn Sie die Duschvorhangstange gleichmäßig mit Vaseline einreiben.

Eichenholz

Eichenholz nachdunkeln lassen

Eichenholz dunkelt nach, wenn man es zwischendurch mit einem mit Salmiakgeist angefeuchteten Leinentuch abreibt.

Eichenholz-Tischplatten

Eichenholz-Tischplatten werden schön, wenn man sie mit Bier abreibt und dann poliert.

Eisentüren, -gitter und -beschläge

Eisentüren, -gitter und -beschläge bleiben schön und rosten nicht, wenn man sie mit warmem Leinöl abreibt. Alte Eisenbeschläge können, nachdem sie gründlich entrostet worden sind, in Bienenwachs getaucht werden.

Eselsohren

Eselsohren in Heften und Büchern verschwinden wieder, wenn man ein angefeuchtetes Löschpapier auf die geknickte Seite legt und anschließend mit dem Bügeleisen darüberfährt.

Etiketten

Etiketten und Schildchen lassen sich entfernen, wenn man diese mit Essig einweicht und so lange mit Essig reibt, bis sie abgehen. Auch Zitronensaft, Salatöl oder Nagellackentferner helfen. Sie können den beklebten Gegenstand auch kurz über eine Flamme halten.

Federbetten, alte

Alte Federbetten werden wieder flauschig, wenn man eine Naht so weit auftrennt, bis ein Föhn hineinpasst. Dann wirbelt man mit kalter Föhnluft die zusammengeklebten Federn wieder auseinander.

Feilen

Feilen verschmutzen nicht, wenn man ab und zu ein Paketklebeband auf die Feile drückt und dieses mit einem Ruck wieder herunterreißt.

Fenster

Fenster beschlagen und gefrieren nicht, wenn sie mit einem 60%igen Spiritus, dem Sie einen Schuss Glyzerin beimischen, abgerieben werden.

Festtafel

Bequem ist ein ausgiebiges Festmenü nur mit genügend Ellbogenfreiheit am Tisch. Bedenken Sie bei der Planung Ihrer Gästeliste, dass pro Person etwa 70 cm Tischkantenbreite notwendig sind. Selbst wenn man eng zusammenrückt, müssen mindestens 60 cm zur Verfügung stehen.

Filter

Filter von Staubsaugern und Dunstabzugshauben, z. B. auch Lüftungsfilter im Bad, muss man regelmäßig wechseln bzw. auswaschen. Auch das Flusensieb der Waschmaschine.

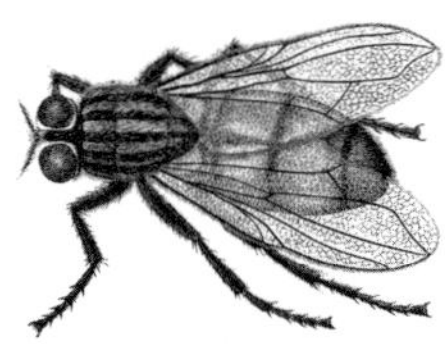

Fliegen

FLIEGEN VERTREIBEN

Fliegen werden aus dem Zimmer vertrieben, wenn Sie auf Ihre Fensterbank einen Strauß aus Lavendelblüten oder Tomatenpflanzen stellen.

FLIEGENGLOCKEN

Fliegenglocken kann man selbst basteln. Man bespannt ausgediente Lampenschirme oder die Drahtgestelle, die man in Bastlerläden zum Beziehen bekommt, mit Gaze, Maschendraht oder Gardinentüll und verziert die Nähte mit bunten Bändern, Litzen usw. Diese Glocken halten nicht nur die Fliegen von Speisen ab, sondern sind auch hübsch anzusehen.

Flüssigkeiten, giftige

Giftige Flüssigkeiten nicht in Getränkeflaschen und nur an einem kindersicheren Ort aufbewahren.

Folie, selbstklebende

Selbstklebende Folie sollten Sie vor der Verarbeitung kurz in der Tiefkühltruhe aufbewahren. Sie lässt sich dann leichter verarbeiten und schneiden.

Fotos

Fotos, auf die Flecken gekommen sind, mit einem mit Spiritus befeuchteten Wattebausch abwischen und an der Luft trocknen lassen.

Gardinenschnüre

Gardinenschnüre, die abgerissen sind, näht man fein aneinander, sodass es keine Verdickung gibt, und überzieht die Rissstelle mit Alleskleber.

Geburtstagskarte

Man kauft bunte Pappe, faltet eine aufklappbare Karte im gewünschten Format daraus und klebt auf die Vorderseite ein Foto.

Geheimtinte

Geheimtinte zu haben, ist ein herrlicher Spaß für Ihre Kinder. Verwenden Sie einfach statt Tinte Zwiebelsaft. Die Schrift wird erst nach Erwärmen über einer Kerze sichtbar.

Geschenke, sinnvolle

Praktische Mitbringsel sind Küchenhandwerkzeuge, die man lustig verpackt. Beispielsweise können eine Haushaltsschere, ein Gemüseschäler, ein Küchenwecker, ein Fleischthermometer, eine schöne Käseglocke große Freude machen. Erinnern Sie sich dabei möglichst an die Farben, die die Gastgeber für ihre Küche gewählt haben, und suchen Sie etwas Passendes dazu aus.

Gläser

Gläser mit heisser Flüssigkeit

Gläser, in die heiße Flüssigkeit gefüllt werden soll, platzen nicht, wenn man die Gläser vorher sehr warm ausspült und sie auf einen nasskalten Untersteller stellt. Anschließend kann man die heiße Flüssigkeit über einen Löffel in das Glas laufen lassen.

GLÄSER, INEINANDERGESTELLTE

Ineinandergestellte Gläser, die festsitzen, kann man voneinander lösen, wenn man in das obere Glas Eiswürfel legt und das untere Glas in warmes Wasser stellt und vorsichtig hin- und herbewegt.

Glühlampen

Glühlampen sollten nicht zu häufig an- und abgeschaltet werden, da sich dadurch ihre Lebensdauer eher verkürzt. Ein Abschalten lohnt sich wegen Energiesparens erst, wenn etwa 10 Minuten lang kein Lichtbedarf besteht.

Gummidichtungen

Gummidichtungen von Kühl- und Gefrierschränken und v. a. von Geschirrspülmaschinen sollten zwischendurch mit speziellen Dichtungsreinigern (aus der Drogerie) bearbeitet werden, damit sie nicht so schnell brüchig werden.

Gummischläuche

Gummischläuche reibt man vor dem Gebrauch mit etwas Glyzerin ein.

Handschriften, verblichene

Verblichene Handschriften kann man auffrischen, wenn man sie mit in Eisvitriol getränktem Fließpapier bedeckt. Danach lässt sich wieder alles lesen.

Hausfrauenhände

Fleckigwerden der Hände beim Einmachen (z. B. beim Pflaumen- oder Kirschsteinentfernen oder beim Schälen grüner Walnüsse) vermeidet man, wenn man die Hände vor der Arbeit mit Essig oder Zitrone abreibt. Bereits verschmutzte Hände werden auch durch Waschen mit Essig oder Zitrone wieder hell.

Hautkontakt

Hautkontakt mit Farben und Lösungsmitteln möglichst vermeiden. Handschuhe und evtl. Schutzbrille tragen.

Heizkörper

Heizkörperwärme ausnutzen

Heizkörper werden besser ausgenutzt, wenn man hinter die Heizkörper Alufolie an die Wand klebt (mit beidseitigem Klebeband).

Heizkörper streichen

Heizkörper sollte man nicht zu oft streichen, da dicke Farbschichten die Wärme isolieren.

Lüften

Vor dem Heizen sollte man die Zimmer gründlich lüften, da sich frische Luft schneller erwärmt als verbrauchte.

Heizungsrohre

Heizungsrohre sollten unbedingt verkleidet werden, damit die Wärme nicht abstrahlt.

Holunderbeeren

Holunderbeeren, die Sie trocknen oder dörren lassen, können Sie im Winter als Vogelfutter verwenden.

Holztreppen

Holztreppen, die knarren, nerven entsetzlich. Abhilfe schafft Schmierseifenlösung, mit der Sie die Stufen einreiben.

Hundefutternäpfe

Hundefutternäpfe rutschen nicht, wenn Sie unter den Napf einen Gummi-Einmachring kleben.

Hundepfoten

Hundepfoten können durch Streusalz wund werden. Nach jedem Spaziergang die Pfoten gut abduschen und mit Babyöl einfetten.

Insekten, fliegende

Fliegende Insekten vertreibt man, indem man in den Räumen Ketten aus aufgefädelten Orangen- und Zitronenscheiben, gespickt mit Nelken, aufhängt.

Kater

KATER VORBEUGEN

Kater ist leider häufig die Folge von feuchtfröhlichen Abenden. Damit Sie sich diesen Zustand ersparen, essen Sie vor dem Alkoholgenuss einen Toast, der mit fetten Ölsardinen belegt ist.

KATER LINDERN

Abhilfe dagegen schafft schwarzer, kalter Kaffee, in den man eine halbe, frisch gepresste Zitrone gibt!

Kellerstufen

Kellerstufen werden rutschsicher, wenn Sie sie mit einer Farbe streichen, in die Sie etwas Sand gemischt haben.

Keramik

Risse in Keramik lassen sich abdichten, wenn man sie mit Paraffin ausstreicht. Die Gefäße dürfen dann aber nicht mehr heiß werden.

Kerzen

KERZEN, ABBRENNEN VON

Kerzen brennen nicht so schnell ab, wenn an den Docht fein gepulvertes Salz gestreut wird.

KERZEN LÖSCHEN

Man drückt den Docht mit einem abgebrannten Streichholz in das flüssige Wachs und biegt ihn sofort wieder hoch. So entsteht weniger Rauch!

KERZEN BEFESTIGEN

Kerzen sitzen fest, wenn man den Kerzenhalter vorher in heißes Wasser taucht oder die Kerze über einer anderen brennenden Kerze anwärmt.

KERZEN, NICHT TROPFENDE

Kerzen tropfen nicht, wenn man sie vor Gebrauch ca. 1 Stunde in Salzwasser legt und danach trocknen lässt.

KERZENHALTER

Man nimmt ein flaches Holzstück, schlägt in die Mitte von unten einen langen Nagel hinein, auf den dann die Kerze gesteckt wird.

Kinderstufen und -treppchen

Kinderstufen und -treppchen zum Höhenausgleich an Waschbecken und WC ersparen Mühe, Schmutz und Überschwemmungen. Man kann bunte Kisten als kindgerechte „Stufen" basteln und mit Schaumstoff oder anderem gleitsicherem Material bekleben.

Knoblauchgeruch

KNOBLAUCHGERUCH AN DEN HÄNDEN

Knoblauchgeruch an den Händen lässt sich schnell und problemlos entfernen, indem Sie Ihre Hände gründlich mit Kaffeesatz oder Salz abreiben.

KNOBLAUCHGERUCH BESEITIGEN

Knoblauchgeruch kann man beseitigen, wenn man ein Glas kalte Milch trinkt.

Kontaktlinse

Kontaktlinse auf den Boden gefallen? Kein Problem! Verdunkeln Sie das Zimmer und leuchten Sie mit einer Taschenlampe den Boden ab. So ist die Linse leicht zu finden, denn sie funkelt im Lichtstrahl der Taschenlampe.

Kochsalzlösung

Kochsalzlösung lässt Schwämme wieder wie neu aussehen.

Korken

Korken lassen sich in enge Flaschenhälse treiben, indem Sie den Korken in heißem Wasser einweichen.

Kugelschreiber, eingetrocknete

Eingetrocknete Kugelschreiber legt man kurz in heißes Wasser.

Kühlgeräte

KÜHLGERÄTLUFTSCHLITZE ODER -GITTER

Die Luftschlitze oder Luftgitter am Kühlgerät müssen immer frei bleiben. Wenn sie bedeckt sind, kommt es zu einem Wärmestau und dadurch zu erhöhtem Energieverbrauch.

KÜHLGERÄTESTELLPLATZ

Wählen Sie für Kühlgeräte möglichst kühle Stellplätze. Auf keinen Fall Gefrierschrank oder Kühltruhe in die Sonne oder neben den Herd stellen, da sonst der Energieverbrauch höher ist.

Laterne

Nach wie vor erfreuen sich kleine Kinder an dem Brauch, am Martinstag abends mit einer Laterne spazieren gehen zu dürfen. Stellt man in die Laterne statt einer normalen Kerze ein Teelicht, schränkt man die Brandgefahr immens ein!

Lederbucheinbände

Lederbucheinbände sehen wieder wie neu aus, wenn Sie das Leder mit Weingeist abreiben.

Luft

Frische und angenehm duftende Luft in beheizten Räumen erhält man, wenn man auf ein feuchtes Tuch einige Tropfen Pfefferminzöl gibt und das Tuch auf den Heizkörper legt.

Lüften

Vor dem Lüften die Thermostatventile schließen. Sie öffnen sich sonst in der kalten Frischluft und heizen während des Lüftens umsonst.

Messer

Messer, rostige

Messer, an denen sich Rost angesetzt hat, lassen sich wie folgt reinigen: Streuen Sie etwas Scheuerpulver auf einen angefeuchteten Korken und reiben Sie damit die Messerklinge ab.

Messer, stumpfe

Will man ein stumpfes Messer wieder schärfen, wetzt man es einfach am Boden eines Porzellantellers.

Messingbeschläge

Messingbeschläge glänzen wieder, wenn man sie mit Zitronensaft oder Essigwasser abreibt.

Möbel

Möbel sollten nicht ganz dicht an Außenwänden stehen, weil sie sonst unter Umständen Feuchtigkeit anziehen.

Mundgeruch

Mundgeruch nach Genuss von Tabak, Alkohol, Knoblauch usw. bekämpft man, indem man etwas Petersilie kaut, mit leichtem Salzwasser gurgelt oder ein mit wenigen Tropfen Lavendelöl beträufeltes Zuckerstück langsam im Mund zergehen lässt.

Naturschwämme

Naturschwämme werden wieder schön, wenn man sie 24 Stunden in eine Salzwasserlösung (¼ Pfd. Salz auf 1 l Wasser) legt.

Öko-Bier

ÖKO-BIER KAUFEN

Öko-Bier ist in allen Bioläden, aber auch oft in normalen Lebensmittelläden erhältlich. Hierbei handelt es sich um Bier, das keinerlei chemische Zusätze enthält.

Öko-Bier-Herstellung

Bei diesem Bier werden Gerste und Hopfen aus ökologisch kontrolliertem Anbau verwendet. Auch im Brauen unterscheidet es sich vom herkömmlichen Bier. Statt Hopfenextrakt verwendet man hier Naturhopfen, Eiweißstabilisatoren fehlen völlig, und das Pressen des Bieres durch Filter mittels Hochdruck wird durch einfaches Filtern ersetzt. Geschmacklich kann diese Bier mit dem herkömmlichen sehr gut konkurrieren!

Ostereier

Ostereier vorbehandeln

Ostereier nehmen die Farbe besser an, wenn Sie sie vor dem Färben mit Essig abreiben; anschließend abspülen.

Ostereier färben

Ostereier sollten Sie nur natürlich färben. Rot bekommen Sie durch den Saft von Roten Rüben (mit etwas Essig vermischt), Gelb durch Zwiebelschalen, Blau durch eingeweichte Rotkohlblätter.

Pakete

Pakete schnüren sich leichter und fester, wenn man die Paketschnur vor dem Schnüren nass macht. Die Schnur zieht sich beim Trocknen fest zusammen.

Plastikflaschen

Plastikflaschen mit Haarshampoo oder Sonnenöl können in Ihrem Reisekoffer nicht mehr auslaufen, wenn Sie die Luft aus der offenen Flasche herausdrücken, bis die Flüssigkeit am Rand steht. Dann schnell und fest die Plastikflasche zuschrauben.

Plastikfolien

Plastikfolien lassen sich mit einer brennenden Kerze gut zusammenschweißen. Oder Sie legen die beiden Folien aufeinander zwischen Seidenpapier und fahren mit der Bügeleisenkante über die Nahtstelle.

Plastikhaken

Plastikhaken halten auf Kacheln und anderen glatten Flächen prima, wenn die Unterflächen vorher mit Kunstharzlack bestrichen wurden. Vor dem Ankleben den Lack unbedingt gut eintrocknen lassen.

Plastiktüten

Plastiktüten sind unnötig, wenn Sie immer eine Einkaufstasche (gibt es praktisch klein zusammenfaltbar) oder einen Korb mitnehmen. Plastiktüten vergrößern den Abfallberg und belasten die Umwelt.

Plüsch

Druckstellen auf Plüsch beseitigt man, indem man ein nasses Tuch über ein heißes Bügeleisen legt und das Eisen im Abstand von 2 cm über den Plüsch zieht. Noch besser geht es, wenn man das Tuch mit Krauseminze (aus Schneiderzubehörgeschäften oder Apotheken) befeuchtet.

Quietschen

Quietschen lässt sich abstellen, wenn Sie die „Lärmstellen" (z. B. Scharniere, Rollos, klemmende Riegel) mit Grafitpulver bestäuben oder mit Nähmaschinenöl ölen.

Radiergummi

Radiergummis bekommen ihre gröbere Oberfläche zurück, wenn Sie sie mit Sandpapier abschmirgeln.

Rattanmöbel, quietschende

Quietschende Rattanmöbel sollte man an den Verbindungsstellen mit Paraffinöl bestreichen.

Regenschirm, nasser

Spannt man einen nassen Regenschirm zum Trocknen auf, sollte man darauf achten, dass er nur bis zur Hälfte geöffnet wird. Andernfalls kann der Regenschirmstoff beim Trocknen zu sehr spannen und brüchig werden!

Ringe

Ringe lassen sich leicht vom Finger abstreifen, wenn man den Finger mit Fettcreme einreibt oder mit Schmierseife rutschig macht.

Rollladengurte und -schnüre

Rollladengurte und -schnüre halten länger, wenn man sie öfter mit Glyzerin oder Kerzenwachs einreibt.

Rosenblätter

Getrocknete Rosenblätter eignen sich hervorragend als Kissenfüllmaterial. Sie ergeben eine sehr weiche, dauerhafte, herrlich duftende Füllung.

Salmiakgeist

Salmiakgeist entwickelt beim Verarbeiten sehr giftige Dämpfe. Es ist deshalb dringend angeraten, Salmiakgeist nur im Freien oder in gut belüfteten Räumen bzw. nur in starker Verdünnung mit Wasser zu verwenden.

Salz

Salz verwendet man zum Auffrischen von Teppichfarben.

Scheren

Scheren sind in alten Brillenetuis sicher aufgehoben.

Schilf- und Bastteppiche

Schilf- und Bastteppiche leben länger, wenn man sie 1-mal im Monat mit einem Wäschesprenger befeuchtet. Stark ausgetrocknet verschleißen sie schneller.

Schlüssel

Schlüssel, klemmende

Schlüssel, die klemmen oder sich schlecht drehen lassen, reibt man mit Paraffin ein.

Schlüssel auseinanderhalten

Schlüssel können gut auseinandergehalten werden, wenn Sie sie mit verschiedenfarbigem Nagellack betupfen.

Schneeglätte

Schneeglätte vor dem Haus und auf angrenzenden Bürgersteigen kann man umweltfreundlich und preiswert beseitigen durch Bestreuen mit Asche, Sägemehl oder Sand. Man sollte auf keinen Fall mit Salz verschmutzten Schneematsch auf dem Grundstück, beispielsweise im Garten oder auf dem Rasen, ablagern.

Schneeschaufeln

Schneeschaufeln rosten nicht und der Schnee klebt nicht fest, wenn man sie mit Glyzerin einreibt.

Schrankraum

Schrankraum gewinnt man, wenn man an die einzelnen Schrankbretter bunte Drahtkörbe anhängt, wie man sie zum Aufbewahren von Gemüse und Obst in Küchenschränken bekommt. Ideal für kleine Sachen wie Leibwäsche, Socken, Handschuhe, Mützen und Taschentücher.

Schubladen

Schubladen, die klemmen, lassen sich wieder bewegen, wenn Sie die Gleitflächen mit Kernseife einreiben.

Schuhcreme

Eingetrocknete Schuhcreme wird wieder gebrauchsfähig, wenn man sie mit einer Mischung aus Benzin und Terpentin vermischt (nicht anwärmen).

Seifenblasen selbst herstellen

Mischen Sie 3 EL Spülmittel mit 4 EL Wasser und verrühren das Ganze leicht. Damit die Seifenblasen märchenhaft glänzen, geben Sie in die Flüssigkeit noch ein paar Tropfen Glyzerin.

Tiefkühltruhen

Tiefkühltruhen öfter abzutauen, spart kostbare Energie. Eine 1 mm dicke Eisschicht verbraucht bereits 10 % mehr Energie.

Tischdecken

Tischdecken weht es leicht von Balkon- oder Terrassentischen. Abhilfe schaffen kleine Kieselsteine, die Sie umhäkeln und mit einem Clip an den Ecken der Tischdecke anbringen.

Tischtennisbällchen, zerbeulte

Zerbeulte Tischtennisbällchen werden wieder rund, wenn man sie kurz in kochendes Wasser legt.

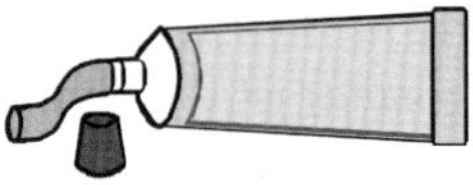

Tubendeckel

Tubendeckel lassen sich leicht aufschrauben, wenn man sie kurz in heißes Wasser legt.

Umzüge

Umzüge wollen gut organisiert sein. Wenn Sie die Aufstellung Ihrer Gläser und Ihres Porzellans in den Schränken einfach abfotografieren, können Sie es leicht nach diesen Vorlagen wieder aufstellen.

Urlaubsvorsorge

Verriegeln Sie nicht nur die Türen, sondern denken Sie auch an Keller-, Kippfenster und an Hebe- und Schiebetüren an Terrassen, Balkons und Abstellräumen. Vergessen Sie nicht Garagenfenster und -türen. Die Wohnung oder das Haus sollten nicht unbewohnt wirken. Beauftragen Sie deshalb Freunde, die Briefkästen zu leeren, ab und zu zu lüften und die Blumen zu gießen (danach aber alles wieder gut verschließen). Achtung: Nicht den Hahn tropfen lassen, da Sie ein Verstopfen des Abflusses und ein Überlaufen der Wanne nicht unter Kontrolle haben. Kontrollieren Sie auch alle Elektrogeräte und Abflüsse. Ziehen Sie keine Sicherungen heraus, an denen gefüllte Kühlgeräte hängen. Die Heizung sollte im Winter nie ganz abgestellt werden, da die Gefahr besteht, dass Wasserleitungen einfrieren.

Verkehrsmittel, öffentliche

Gerade in einer Großstadt ist die Nutzung der öffentlichen Verkehrsmittel notwendig und sinnvoll. Damit man auf einen Blick eine Übersicht über die jeweiligen Abfahrtszeiten und Verbindungsmöglichkeiten hat, hängt man einfach die Fahrpläne an eine Pinnwand in der Diele.

Verpackung, kindersichere

Bei Produkten mit giftigen und schädlichen Stoffen sollte beim Einkauf unbedingt auf kindersichere Verschlüsse geachtet werden.

Vögel

Vögel können leicht Milben bekommen. Hängen Sie ein Stück Filzstoff in den Käfig, und Sie werden feststellen, dass die lästigen Untermieter sich in diesem Stück Stoff einmieten.

Vogelsand, gebrauchter

Folgender Tipp ist für alle Vogelbesitzer geeignet. Gibt man seinem gefiederten Liebling frischen Sand, wirft man den alten nicht weg! Man siebt ihn einfach durch. Der Vogelkot wird weggeworfen, der Sand stellt einen hochwertigen Dünger dar, der zusätzlich die Pflanzen vor Wurmbefall bewahrt! Man vermengt ihn einfach mit Blumenerde für Blumentöpfe oder hebt ihn direkt in die Erde von Gartenbeeten unter.

Wachsmalkreiden

Wachsmalkreiden brechen in Kinderhänden nicht mehr so schnell ab, wenn Sie sie mit einem Klebeband umwickeln.

Wandbilder

Wandbilder an einer Schnur hängen immer gerade, wenn man sie, bereits hängend, 1-mal um sich selbst dreht.

Warmwasserspeicher

Warmwasserspeicher verbrauchen weniger Energie, wenn man sie nur auf die Temperatur einstellt, die man wirklich braucht, z. B. 55 °C = mittel, statt 85 °C = heiß.

Wasserhähne, tropfende

Wasserhähne, die tropfen, aber nicht gleich repariert werden, müssen in Zukunft nicht mehr an Ihren Nerven sägen. Befestigen Sie an dem Hahn einen langen Faden, an dem der Tropfen geräuschlos herabrinnen kann.

Wasserleitungen

Wasserleitungen frieren im Winter nicht mehr ein, wenn Sie sie etwas aufdrehen, sodass ab und zu ein Tropfen aus dem Hahn kommt.

Wasser sparen

Wasser sparen in der Wohnung kommt nicht nur der Umwelt zugute, sondern auch dem eigenen Geldbeutel. Nie unter fließendem Wasser Geschirr spülen oder Zähne putzen! Statt zu baden, lieber öfter mal duschen! Die WC-Spülung braucht man nicht immer voll durchlaufen lassen, meistens genügt es, wenn man sie nach ca. 2–3 l stoppt. Tropfende Wasserhähne müssen baldmöglichst repariert werden!

Weihnachtsbäume

WEIHNACHTSBÄUME FEUCHT HALTEN

Weihnachtsbäume bleiben lange frisch, wenn man sie in ein Gefäß mit feuchtem Sand stellt und diesen immer feucht hält.

WEIHNACHTSBÄUME, NADELNDE

Weihnachtsbäume in geheizten Zimmern nadeln sehr schnell. Abhilfe schafft dieser kleine Trick: Geben Sie in einen Eimer mit 1 l Wasser 4 EL Glyzerin und stellen Sie den Baum in dieses Gefäß.

Weinlagerung

Weinlagerung erfordert Sorgfalt. Wein ist kein Fertigprodukt, sondern reift in der Flasche weiter. Bei der Weinlagerung sollte für eine möglichst gleichbleibende Temperatur gesorgt werden. Das ist besonders bei Weinen, die auf Temperaturschwankungen sauer reagieren, wichtig. Am besten für die Aufbewahrung ist ein Mittelwert zwischen 6 °C und 12 °C. Die Flaschen müssen dunkel lagern, weil Licht die Farbe und das Aroma zerstört. Außerdem sollte Wein liegend aufbewahrt werden, sodass die Flüssigkeit die Korken feucht hält. Eine relativ hohe Luftfeuchtigkeit von 70–80 % ist günstig. In warmen Etagenwohnungen sind klimatisierte Weinkühlschränke oft die einzige Möglichkeit, wo Weinliebhaber ihre edlen Tropfen optimal lagern können. Der Wein atmet übrigens durch den Korken, deshalb sollte er nie neben stark riechenden Lebensmitteln lagern.

Ziegelsteine

Ziegelsteine ergeben dekorative, haltbare Buchstützen.

Zigarrenkiste, leere

Sehr gut geeignet zum Aufbewahren von Ersatzknöpfen oder Briefmarken!

Register

Bildnachweis

Wir bedanken uns bei allen Bildlieferanten, die uns durch die Bereitstellung von Abbildungen freundlicherweise unterstützt haben.

fotolia.com: cybercrisi 97
IMSI USA, Novato, CA: 7, 12, 22, 27, 32, 34, 38, 41, 42, 61, 62, 67, 70, 74, 76, 82, 84, 87, 91, 103, 106, 114, 117, 127, 134, 137 (o. + u.), 146, 151, 152, 154, 162, 166, 172, 174, 182, 185, 187, 195, 198, 200, 206
iStockphoto.com: whitemay 4, 112, 192; nicoolay 8, 17, 120, 175, 176; fotosmania 13; tatarnikova 31; A-Digit 98; aromanta 108; 4x6 110; TheresaTibbetts 115, 125, 209; Vinata 129; Helena-Ohman 157; casejustin 164; studio524 178; ConstanceMcGuire 179; andipantz 184; Grafissimo 190